JN068068

SOS を見逃さず、 支援 につなげる！

子どもを守る
セーフティネット

Safety Net for Saving Children

監修

櫻井和典　廣瀬貴樹

ナツメ社

は じ め に

　家族、地域、社会が急速に変貌するなか、子どもに影響が及ぶ問題も複雑化しています。子どもの未来が絶たれる事件が報じられるたび、「もっと何かできなかったのか」「自分にすべきことがあったのではないか」と、心を痛めている方が多いでしょう。

　いじめ、不登校、ひきこもり、心の病などの課題に加え、SNSを使ったネットいじめや市販薬のオーバードーズが急増するなど、取り組むべき問題は大きく変化しています。

　貧困、児童虐待、ヤングケアラーなど家族全体を支援につなげる必要のあるケースも多く、状況は深刻化しています。経済発展を遂げ、恵まれているはずの日本において、子ども食堂やフードバンクが急速に広まったことは、過酷な状況にある家庭が多いことを物語っています。

　子どもが十分に食事をとれず、身のまわりの世話も行き届いていない場合、子ども食堂を紹介するだけでは不十分で、その家庭の状況に即した支援が求められます。利用できる制度、経済的支援などは個々で異なるため、生計が立てられるように支援メニューを組み合わせる必要があります。支援の手を差し伸べる際は、そうした選択肢について幅広い知識を得ておくことが

重要になります。

　また昨今、児童相談所で働く職員をはじめ、教職員、子ども支援にたずさわる福祉関係者も、心身ともに疲弊し、現場を離れる方が多く見られるようになりました。「苦しむ子どもたちを救いたい」「子どもたちの将来を拓く手助けがしたい」といった高い志が折れないよう、支援者を支援する重要性が認識されつつあります。

　支援者がひとりで子どもの痛み、苦しみを抱え込まないようにしなければなりません。職場の同僚や上司、そして関係する機関の方々と連携し合い、地域の方々ともつながったチームワークを形成していくことが大切です。

　本書は、困りごとや課題を抱えた子どもたちに広く見られるサインから、対処が必要な問題を把握し、支援につなげられるように構成しています。同じように、外部から垣間見える家庭の状況から問題に気づき、子どもだけでなく家族全体をサポートできるように独立した章を設けました。

　まわりにいる大人たちが子どものSOSに早いうちに気づき、その子どもを力強くサポートすることで、明るい笑顔が増えることを願ってやみません。

もくじ

1章　すべての子どもの健やかな成長のために

2章　子どもからのサインを支援につなげる

【子どもが示すサイン】授業に集中できない、歩きまわる、忘れものが多い、勉強についていけない

【子どもが示すサイン】栄養不良、不衛生、傷やあざがある、学用品の準備、給食費の支払いに問題

Issue 3　海外ルーツの学習支援 …………………………………………… 66

【子どもが示すサイン】日本語の能力が不足、学校になじめない、低学力、欠席しがち

Issue 4　ヤングケアラー …………………………………………………… 82

【子どもが示すサイン】遅刻、早退、欠席が多い、元気がない、家族の世話や家事をする姿を見かける

3章 家庭の困りごとを確実にキャッチする

4章　支援で壁にぶつかったときには

参考文献

『ケアマネ・相談援助職必携 現場で役立つ！社会保障制度活用ガイド』「ケアマネジャー」編集部編　福島敏之著　中央法規

『学校ー家庭ー地域をつなぐ　子ども家庭支援アセスメントガイドブック』公益社団法人日本社会福祉士会編集　中央法規

『ヤングケアラーってなんだろう』澁谷智子　筑摩書房

『社会保障のトリセツ　医療・年金・介護・労災・失業・障がい・子育て・生活保護　困ったときに役所の窓口に持っていく本』山下慎一　弘文堂

『15歳からの社会保障　人生のピンチに備えて知っておこう！』横山北斗　日本評論社

『シリーズ　今日から福祉職　押さえておきたい児童福祉・子ども子育て支援』仲本美央編著　ぎょうせい

『外国人児童生徒受入れの手引　改訂版』文部科学省総合教育政策局 男女共同参画共生社会学習・安全課　明石書店

『「助けて」が言えない　子ども編』松本俊彦編　日本評論社

『ルポ児童相談所―― 一時保護所から考える子ども支援』慎泰俊　筑摩書房

参考サイト

・厚生労働省　　　　　　　　　　　・文部科学省
・こども家庭庁　　　　　　　　　　・内閣府
・法務省　　　　　　　　　　　　　・横浜市
・公益財団法人 日本ユニセフ協会　　・社会福祉法人 全国社会福祉協議会
・独立行政法人 教職員支援機構　　　・国立研究開発法人 国立精神・神経医療研究センター

本書は2024年3月現在の情報にもとづいています。記載された内容は予告なく変更される場合があります。また、支援の内容や利用可能な制度は、自治体によって異なる場合があります。

子どもを支援するにあたっての基本的な考え方、
子どもに関連するおもな法令や施策、取り組みなど
近年の流れをまとめました。

1章

すべての子どもの 健やかな成長のために

すべての子どもには
生きる権利がある

子どもは庇護の対象であるだけでなく、権利の主体です。

精神的な幸福度が低い日本の子どもたち

　先進国の子どもの幸福度をはかるユニセフの「レポートカード16」が2020年に発表されると、波紋が広がりました。3分野のランキングのうち、死亡率、過体重の割合による身体的健康で日本は1位でしたが、生活満足、自殺率を指標とする精神的幸福度は38か国中37位でした。生活に満足していると答えた割合がワースト2位で、自殺率も高かったためです。

　3つめのスキルについても、数学・読解力でトップ5ながら、友だちをつくる社会的スキルに自信のない子どもが多く、27位にまで順位を押し下げ、3分野の総合順位は20位にとどまりました。

　世界的にみると経済的に恵まれ、安心・安全に暮らしているはずの日本の子どもたちの悲鳴が漏れ聞こえるような結果でした。

子どもを権利の主体とした大きな転換

　子どもを守る大きな枠組みとしては、1989年に国連総会で採択された「児童の権利に関する条約（以下、子どもの権利条約）」があります。日本が批准したのは1994年で、30年を経ています。

　子どもの権利条約は、子どもを権利の主体ととらえるところに大きな意義があります。大人同様ひとりの人間としてさまざまな権利をもち、同時に健康に成長するために保護を受ける権利などもあると定めています。

　日本では戦後、困窮する子どもを保護し、健やかな育成を図るため、1947年に児童福祉法が制定されました。1951年に日本国憲法の理念にもとづいて児童憲章が定められ、これらを土台に制度が整備された歴史があります。2016年、児童福祉法が大きく改正され、子どもが権利の主体であることに加え、子どもの意見の尊重なども明記されました。以降も法改正などが続き、子ども支援の考え方、取り組みが変容しつつあります。

⬤ 子どもの権利条約とは

【要点】

- 世界中のすべての子どもがもつ人権を定めている（生きる権利、成長する権利、暴力から守られる権利、教育を受ける権利、遊ぶ権利、参加する権利など）。
- 批准した国と地域は日本を含め196。
- 批准国は法律、政策などにより子どもの権利を実現しなければならない。

【4つの原則】

差別の禁止

すべての子どもは、子ども自身や親の人種や国籍、性、意見、障害、経済状況などどんな理由でも差別されず、条約の定めるすべての権利が保障される。

<第2条 差別の禁止>

子どもの最善の利益

子どもに関することが決められ、行われるときは、「その子どもにとってもっともよいことは何か」を第一に考える。

<第3条 児童に対する措置の原則>

生命、生存及び発達に対する権利

すべての子どもの命が守られ、もって生まれた能力を十分に伸ばして成長できるよう、医療、教育、生活への支援などを受けることが保障される。

<第6条 生命に対する固有の権利>

子どもの意見の尊重

子どもは自分に関係ある事柄について自由に意見を表すことができ、大人はその意見を子どもの発達に応じて十分に考慮する。

<第12条 意見を表明する権利>

参考：公益財団法人 日本ユニセフ協会「子どもの権利条約の考え方」

少子化対策のなかで進められた子育て支援

人口減少社会で求められる子どもを産み育てやすい環境づくり。

2000年代に始まる政府一体での取り組み

国の子育て支援は、少子化対策のなかで制度化されてきました。その起点が1989年の1・57ショックです。第二次ベビーブーム後、出生数は減り続け、合計特殊出生率が過去最低の1.57を記録したのです。

1994年にはエンゼルプランが策定され、共働き世帯が増えるなか、仕事と子育てを両立できる環境を目指し、保育中心の対策が掲げられました。

1999年の新エンゼルプランでは、保育に加え、母子保健、教育、雇用などの事業も盛り込まれ、2000年代には多様な取り組みが広がりました。

2003年には少子化関連初の立法となる少子化社会対策基本法が制定され、翌年には同法にもとづく総合的、長期的な施策の指針となる少子化社会対策大綱を発表。その具体的実施計画である子ども・子育て応援プランには、結婚、出産の増加まで含めた視野が反映されていました。

財源確保により子育て支援を拡充

法的な基盤が整備されるなかでも資源投入は限られていました。制度設計が検討され、2012年に成立した子ども・子育て関連3法では社会保障と税の一体改革に大きな意味があります。2015年度から3法にもとづく子ども・子育て支援新制度が本格施行され、給付を拡充、実施主体となった市区町村を国と都道府県が重層的に支えるしくみとなりました。

2017年には安定財源の確保を背景に待機児童対策、幼児教育・保育の無償化、高等教育の無償化などの取り組みが進められました。2020年には、待機児童の解消と女性の就業率上昇に向けた保育の受け皿の整備、地域の子育て資源の活用などを目指し、新子育て安心プランが策定されました。

国の少子化対策関係予算は、当初予算ベースで2022年度には6兆円を超え、2013年度からほぼ倍増しました。

● 少子化対策・子ども支援の流れ

1989年 **1.57ショック**
合計特殊出生率が過去最低の1.57を記録。

1994年 **エンゼルプラン策定**
保育所一時預かり、延長保育の拡充、放課後児童クラブの設置、育児休業
給付の実施推進、地域子育て支援センターの設置など。

1999年 **新エンゼルプラン策定**
育児休業給付金率向上、ファミリー・サポート・センターや時短勤務制度の整
備、固定的な性別役割分業や職場の性別役割分担の是正。

2003年 **次世代育成支援対策推進法の制定**
地方公共団体、企業に次世代育成支援の行動計画の策定を義務化。
少子化社会対策基本法の制定
少子化対策の基本理念、国、地方公共団体、事業主と国民の責務を明示。

2004年 **少子化社会対策大綱の発表**
子ども・子育て応援プランの策定
少子化社会対策大綱の具体的実施計画が子ども・子育て応援プラン。5年間
に講ずる施策、数値目標、実現後の社会の姿などを示した。

2010年 **子ども・子育てビジョンの閣議決定**
少子化社会対策大綱を見直し、社会全体で子育てを支える総合的ビジョンを
示した。

2012年 **子ども・子育て関連3法成立**
認定こども園・幼稚園・保育所共通の施設型給付の創設、小規模保育などへ
の地域型保育給付の創設、認定こども園制度の改善、地域の実情に応じた
支援の充実など。

2015年 **子ども・子育て支援新制度がスタート**
幼児期の学校教育、保育、地域の子育て支援の量の拡充、質の向上を目指
す制度。

2017年 **新しい経済政策パッケージの人づくり革命閣議決定**
財源2兆円を確保し、待機児童対策、幼児教育・保育の無償化、高等教育
の無償化などの取り組みを推進。

2020年 **新子育て安心プラン策定**
待機児童の解消、女性の就業率上昇に向けた保育の受け皿の整備、地域の
子育て資源の活用など。

児童虐待、子どもの貧困への取り組み

家庭養育優先の理念により社会的養護のあり方が変わりました。

改正を重ねる児童虐待防止法

社会環境の変化とともに課題が拡大、複雑化するなか、児童虐待は社会問題化し、2000年に児童虐待防止法が施行されました。児童虐待を禁ずるとともに発見した場合の通告義務、被虐待児の保護などを規定しています。

以降は同法の改正に合わせ、児童福祉法も改正が重ねられました。2007年の改正では、児童相談所による立ち入り調査などの権限が強化され、保護者への指導、面会制限の強化なども定められました。

重大事例では乳幼児が多いことがわかり、保健分野でも予期せぬ妊娠や出産、困難な子育てへの支援のため乳児家庭全戸訪問事業が始まりました。

また、2016年の児童福祉法改正では、家庭養育優先の理念が掲げられ、施設より里親による養育が推進されるようになりました。施設はより家庭的で小規模な方向へ向かい、社会的養護に大きな影響を与えました。

そうしたなかでも、虐待の認知度向上もあって児童相談所への相談件数は増え続けました。2019年の改正では体罰禁止を法定化し、児童相談所の体制強化などさらなる防止対策の推進をはかりました。

子どもの貧困は政策課題

児童虐待と密接に関連するのが貧困です。日本の子どもの貧困率は近年やや改善しましたが、ひとり親世帯の半数近くは困窮しています。家庭で適切な養育を受けられない子どもが増え、家庭のみでなく地域社会のなかで育つという認識のもと、社会的養護の意義が高まっています。

2014年には、子どもの貧困対策法が施行されました。給付型奨学金の新設、児童扶養手当の改定、保育料無償化、給食無償化などが広がったものの、経済格差解消への道のりは遠いのが現状です。

◯ 児童虐待、子どもの貧困対策の流れ

2000年　児童虐待防止法の施行
児童虐待を定義、通告の義務、虐待を受けた子どもの保護の規定など。

2004年　児童虐待防止法の改正
同居人による虐待、放置も児童虐待と定義。通告義務の範囲の拡大、関係機関が連携する要保護児童対策地域協議会の市区町村への設置など。

2007年　児童虐待防止法、児童福祉法の改正
児童相談所の立ち入り調査、保護者の面会、通信の制限、指導などの強化。

2012年　社会的養護の指針、第三者評価基準等の策定（厚労省）
児童養護施設、乳児院、母子生活支援施設などの社会的養護施設の運営指針。質の向上のため、3年に1回の第三者評価の受審を義務化。

2014年　子どもの貧困対策法の施行
子どもの将来が生まれ育った環境に左右されることなく、子どもが健やかに育つ環境を整備、教育機会の均等をはかるなど貧困対策を総合的に推進。

2016年　児童福祉法の改正
家庭養育優先として養子縁組里親を法定化。施設より里親の養育を推進。

2019年　子どもの貧困対策法の改正
子どもの将来だけでなく、現在への対策も推進し、教育の機会均等がはかられるべきと明言。
児童虐待防止法の改正
体罰禁止を法定化し、児童相談所の体制強化など抜本的強化。

◯ OECD加盟国の子どもの貧困率

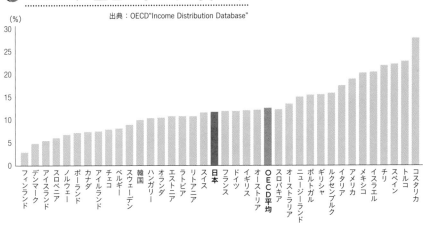

（%）
出典：OECD"Income Distribution Database"

17

いじめ、不登校、ひきこもり、孤独・孤立への取り組み

いじめ、不登校は増え続け、孤独・孤立の問題も深刻化しています。

いじめと不登校への対策の流れ

　学校でのいじめについては、基本的な理念や対応の体制が定められたいじめ防止対策推進法が2013年に施行されました。契機となったのが2011年に大津市で起きた中学生のいじめ自殺事件です。学校と教育委員会の隠ぺい体質が報じられて問題視され、法整備へ発展しました。

　同法で学校は防止のための基本方針の作成と対策組織の設置を義務づけられ、いじめを認知した際の措置が規定されました。教職員の研修やスクールカウンセラーなどの配置も進められていますが、依然としていじめは後を絶たず、過去最多を記録しています。時代とともにいじめの形態も変わり、被害を受ける子どもの立場に立って判断する方向へ変化しています。

　大津市の事件の衝撃は、無理に登校せずともよいとの考え方の波及にもつながりました。2017年施行の教育機会確保法は、学校以外での学習を広く認めています。不登校の原因はいじめに限りませんが、登校を前提とせず、多様な教育機会が得られるように自治体に促しています。

ひきこもり対策とコロナ禍の影響

　ひきこもりは自殺増加のひとつの要因とも考えられ、社会参加が難しい子どもと若者への支援が進められてきました。2009年から始まったひきこもり地域支援センターの設置は、2018年にすべての都道府県と指定都市に行き渡り、現在は市区町村による設置が進められています。

　2010年には子ども・若者育成支援推進法が施行され、教育、福祉、雇用など関連分野での総合的支援と地域のネットワーク推進が定められました。

　また、コロナ禍が長期化するなか孤独・孤立が社会問題となり、2021年には孤独・孤立対策担当大臣が誕生しました。基本理念や国の責務、施策の基本などを定めた孤独・孤立対策推進法は、2024年度に施行されます。

❂ いじめ、不登校、ひきこもり、孤独・孤立関連の法律

いじめ防止対策推進法

【施行】2013年

【概要】

- いじめを心理的または物理的な影響を与える行為(インターネットを通じてのものも含む)で、被害者が心身の苦痛を感じているものと定義。
- 学校に対し、早期発見のための定期的な調査、子どもと保護者向けの相談体制の整備、教職員からの通報を受けた際の事実確認、学校設置者への結果報告、いじめをやめさせ、再発を防止する対応などを義務化。
- 教職員に対し、いじめの事実があると思われる場合に学校への通報と適切な措置、加害児童・生徒への適切な懲戒を義務化。
- 重大事態について、学校に調査、報告、対処、再発防止の措置などを義務化。

子ども・若者育成支援推進法

【施行】2010年

【概要】

- いじめ、ひきこもり、不登校、児童虐待、発達障害など子どもと若者の抱える困難に、縦割りでなく総合的な支援施策を進める枠組みを整備。
- 国の本部組織や大綱、地域における計画、ワンストップ相談窓口などの枠組み整備。
- 学校教育法、児童福祉法、雇用対策法など関係分野の法律と相まって子ども、若者の育成支援施策を推進。
- 社会生活を円滑に営むうえで困難がある子ども、若者を支援するためのネットワークを整備。

教育機会確保法

(正式名称・義務教育の段階における普通教育に相当する機会の確保等に関する法律)

【施行】2017年

【概要】

- 不登校や戦後の混乱などさまざまな理由から義務教育を十分に受けられなかった人への教育の機会を確保。
- 不登校の個々の状況に応じて不登校特例校、教育支援センター(旧・適応指導教室)の設置促進など多様で適切な教育機会を確保。
- 登校のみを目標とせず、子どもが主体的に進路をとらえ、社会的に自立することを重視。
- 基本理念として、すべての子どもが安心して十分に教育を受けられる学校環境の確保、国と地方公共団体、民間団体などの密接な連携などを規定。

孤独・孤立対策推進法

【施行】2024年(4月1日)

【概要】

- 孤独、孤立により心身に有害な影響を受けている状態の人への支援などの取り組みを定めている。
- 基本理念として、社会のあらゆる分野で孤独・孤立対策の推進をはかり、当事者の立場、状況に応じた継続的な支援、孤独・孤立状態から脱却して社会生活を営めるようになることを目標とした支援を挙げている。
- 孤独・孤立に関する施策の策定、実施を国の責務と定めている。
- 国およびほかの地方公共団体と連携をはかりつつ、区域内の当事者などの状況に応じた施策の策定、実施を地方公共団体の責務と定めている。

こども家庭庁の発足と こども未来戦略のスタート

少子化トレンドの反転を目指し、こども未来戦略が始まります。

こども基本法の施行

　子どもの権利条約に対応する国内法として、こども基本法が2023年4月に施行されました。条約の4つの原則（P13）を踏まえ、すべての子どもの権利が保障されることを基本理念に掲げています。国と地方自治体は、子どもに関する施策に子どもの意見を反映させ、そのために必要な措置をとることを義務づけられています。子どもを18歳という年齢で区切らず、心身の発達の過程にある者と定義し、支援が途切れないよう配慮しているところにも特徴があります。

　施行に合わせて発足したのが、子どもに関わる政策を総括するこども家庭庁です。子どもと家庭の福祉の増進、保健の向上などの支援、子どもの権利利益の擁護を任務とし、子どもの視点に立ち、その最善の利益を第一として政策に反映させる司令塔の役割を果たします。

注視される"異次元の少子化対策"

　2023年、政府は"異次元の少子化対策"を打ち出し、こども未来戦略が2024年度から実施されます。このままでは2030年に高齢化率が3割を超え、経済、社会の安定維持が困難になると予測されるなか、当初3年を集中的取り組み期間として少子化トレンドの反転を目指します。

　こども未来戦略は、妊娠、出産、子どもの成長とともに切れ目ない子どもと子育て家庭の支援を描いています。たとえば、親が働いていなくとも保育所などに預けられるこども誰でも通園制度は、2024年度に一部の自治体で試験導入され、2026年度に全面的実施の予定です。育児休業給付の給付率引き上げなどによる「共働き・共育て」支援も進められ、貧困、虐待の防止、障害児、医療的ケア児への支援なども強化されます。厳しい財政状況のなかでの財源確保と実際の効果が注視されています。

○ こども家庭庁とは

【概要】

- 厚生労働省、内閣府の部局を分離、統合した内閣府の外局（内閣総理大臣の直属の機関）。
- 内閣府、文部科学省、厚生労働省など各省庁による縦割りを打破し、子ども政策の司令塔となる。

○ こども未来戦略のおもなポイント

子育て支援の充実

- 伴走型相談支援
- 産後ケアの拡大
- こども誰でも通園制度

子育て世帯の家計応援

- 児童手当の所得制限撤廃、支給期間の延長、第3子以降の大幅増額
- 住宅支援の強化
- 雇用保険の適用拡大
- 自営業、フリーランスの育児期間の年金保険料免除

「共育て」の応援

- 中小企業の育休にインセンティブ
- 育児休業給付の給付率引き上げ
- 時短勤務時の賃金の10%を給付
- 看護休暇をとりやすくする

ひとり親、貧困家庭への支援

- 児童扶養手当の拡充
- ひとり親への就業支援の充実
- ひとり親家庭などの子どもの学習支援の拡充

居場所のない子ども、障害児への地域支援体制強化

- 専門的支援に早くつながる体制へ
- 障害児、医療的ケア児の保育所などの受入体制の充実
- 子ども、若者の安全かつ安心な居場所づくり

高等教育費の負担軽減

- 多子世帯や理工農系の学生などへ対象拡大
- 3人以上の子どもがいる家庭の大学授業料などの負担を2人分以下に

子どもアドボカシー

子どもが意見や考えを表明できるように支援するのが、子どもアドボカシー。アドボカシーは「擁護」「代弁」「支持」をあらわし、社会的弱者の権利擁護のため当事者の要望を聞いて代弁したり、サポートしたりする際に用いられる言葉です。アドボカシーを行う人をアドボケイトといいます。

子どもの権利条約、これに対応する国内法こども基本法において、子どもの意見の尊重は基本理念とされています（P13参照）。子どもに影響が及ぶすべての事柄について、自らの意見を表明する権利があり、年齢と成熟度にしたがって相応に考慮されるものと定められています。

このため、子どもに関係する司法、行政の手続きではとくに注意が必要とされ、現在のところ子どもアドボカシーが行われるおもな領域は社会的養護の現場となっています。児童相談所指針、一時保護ガイドラインは、里親委託、施設入所措置、一時保護の決定にあたり、子ども本人への十分な説明と子どもの意見の聴取を行い、意向を尊重するよう定めています。各自治体の実情に応じて取り組みが進められているところです。

子どもが声をあげるには、施設職員、学校の教員などとの信頼関係が不可欠です。加えて重要なのが、利害関係のない独立した立場のアドボケイトの存在。日常的に関わる相手には子どもも気を遣って言いたいことを飲み込んでしまいがちであり、第三者のほうが本当の気持ちを明かしやすいからです。都道府県などは子ども意見表明支援員の導入が努力義務とされていて、しくみの整備などとともに高い技量が必要な意見表明支援員の養成、研修などが模索されています。

また、自治体の社会的養育推進計画に当事者の意見を反映させる試みなども始まっています。

> **子どもアドボカシーとは**　それぞれの立場が補完し合い、子どもの声を聴くことが大切。

フォーマルアドボカシー
教員・福祉職員・心理士

ピアアドボカシー
友人・同じ背景をもつ人

本人

インフォーマルアドボカシー
親・養育者・近所の人

独立／専門アドボカシー
アドボケイトら

出典・内閣官房「子どもの声を尊重する社会の実現に向けて　ー子どもアドボカシーの取り組みー」

子どもの表情や様子の変化、問題行動などは言葉にならないSOSである可能性が高いもの。おもな課題や問題、支援のしくみを知っておきましょう。

2章

子どもからのサインを支援につなげる

子どもが発するサインを
しっかりと受け止める

身近な人が「何かおかしい」と察知することが第一歩。

子どもを取り巻く問題が複雑化

　時代とともに社会環境が大きく変わり、子どもをめぐる問題も複雑化しています。少子化が進む一方で、児童虐待、貧困、いじめ、不登校、ひきこもりなどに苦しむ子どもは増えました。

　近年、注目されるようになった発達障害、気分の落ち込みや不安などの心の不調と病、ヤングケアラーなどの問題もあります。ひとりひとりの状況に応じた対応が求められ、教育、保健・医療、福祉など各分野が連携する重要性も増しています。

　また、海外ルーツの子どもの増加など、支援をする側は適切な対応をするために新たな学びを求められています。

サインを知り、早期発見、早期対応を

　子どもが自らSOSを声に出すことは難しく、今日の貧困などはとくに傍目にはわかりにくく、気づかれにくいといわれます。着ているものや持ち物だけを見ても、違和感はないかもしれません。

　家族の介護や小さな弟妹の世話に追われている子どもも、外ではそのような素振りはいっさい見せず、孤軍奮闘していることが多くあります。

　それでも、その子どもを注意深く見ていれば、何かしらサインを出していることに気づくでしょう。日常的に接している人なら、悪いことが起きたとき、強いストレスを感じているときに変化を見て取れるはずです。

　面識がある程度の子どもでも、どんなサインが何を物語るのか把握しておくと、「何かおかしい」と察知する可能性が高まります。

　早いうちに問題に気づくことは状況の悪化を防ぎ、子どもが受けるダメージを軽減することになります。専門的な支援、各分野が連携した支援につなげるためにも、早期発見、早期対応が重要です。

● 子どもを取り巻く状況の変化

児童虐待

①児童相談所での
　児童虐待相談対応件数

| 16年度 | 約12.3万件 |

| 22年度 | 約21.9万件※
過去最多 |

厚生労働省「福祉行政報告例」　※22年度は速報値

②警察が検挙した児童虐待事件の
　検挙件数

| 16年度 | 1,081件 |

| 22年度 | 2,181件
過去最多 |

警察庁「少年非行、児童虐待及び子どもの性被害の状況」「令和4年におけるストーカー事案、配偶者からの暴力事案等、児童虐待事案等への対応状況について」

貧困

子どもの貧困率

| 15年 | 13.9% |

| 21年 | 11.5% |

厚生労働省「国民生活基礎調査」

ヤングケアラー

ヤングケアラーと自覚している割合

中学2年生 20年度 1.8%
全日制高校2年生 20年度 2.3%
定時制高校2年生相当 20年度 4.6%
通信制高校生 20年度 7.2%

厚生労働省「ヤングケアラーの実態に関する調査研究」

いじめ

①いじめの重大事態の発生件数

| 16年度 | 396件 |

| 21年度 | 705件 |

文部科学省「児童生徒の問題行動・不登校等生徒指導上の諸課題に関する調査」

②パソコンや携帯電話等での誹謗・中傷
　被害

| 16年度 | 約1.1万件 |

| 21年度 | 約2.2万件
過去最多 |

文部科学省「児童生徒の問題行動・不登校等生徒指導上の諸課題に関する調査」

不登校

①小・中学校における不登校児童生徒数

| 16年度 | 約13.4万人 |

| 22年度 | 約29.9万人
過去最多 |

文部科学省「児童生徒の問題行動・不登校等生徒指導上の諸課題に関する調査」

②高校における不登校生徒数

| 16年度 | 約4.9万人 |

| 22年度 | 約5.1万人 |

文部科学省「児童生徒の問題行動・不登校等生徒指導上の諸課題に関する調査」

参考:子供・若者インデックスボード

子どもが示すサイン

授業に集中できない、歩きまわる、忘れものが多い、勉強についていけない

授業中に集中できず、教室内を歩きまわったり、ほかの子との関わり方がわからず衝突したり……。発達障害が疑われるサインとしては、ほかに忘れものが多い、勉強についていけないなどがあります。

Issue 1 で紹介する項目

小学校に上がって気づくケースもある

　発達障害の子どもが増えています。理由のひとつとして、発達障害の認知度が高まり学校などで指摘される機会が増えたことがあげられています。その子の特性に合う適切な働きかけにより発達を促し、力を引き出せるように、早期に気づき、支援につなげることが重要です。

　一般的に、保育園、幼稚園などでは「落ち着きがない」「コミュニケーションがとれない」などといわれながらも、とりたてて問題にならずに過ごしているケースが多くあります。小学校に上がってから授業中の態度やほかの子どもとの関わりのなかでトラブルが起こり、学校から保護者に連絡がいくパターンがよく見られます。本人もどうしていいかわからずストレスを抱え込み、体調を崩すこともあります。

　教員が本人の困りごとについて保護者に伝え、児童精神科の専門医の受診、支援体制の構築へと結びつける流れがあります。

特性に合わせ困りごとに対応する

　覚えておきたいのが、発達障害は生まれつきの脳の特性によるもので、家庭環境や育て方によって起こる障害ではないということです。発達障害は自閉スペクトラム症（ASD）、学習障害（LD）、注意欠如・多動症（ADHD）などの総称で、それぞれ特性は異なります。

　診断を下せる専門医が限られ、受診希望者が何か月も待機する状況が続き、国は各地の拠点病院から専門医を保健所などに派遣し、出張相談を行う取り組みに乗り出しました。

　ただし、脳の特性ゆえ根本的な治療法などはありません。乗り越えるべき障害ではなく、特性としてとらえ、困りごとに対して環境調整などでどうサポートするかが課題となります。同じ診断名でも同じ対応が有効とは限らず、ひとりひとり異なります。

　学校での学習、集団生活に限定せず、家庭、そして地域での支援体制を総合的に考え、成長に合わせて継続的に見直し、見守っていくことが求められます。

1-1

発達障害者支援センターなどの専門家への相談、受診を提案

相談は保護者の心の準備にも役立つ

学校での本人の戸惑いや困りごとについて保護者と話をする際は、十分な配慮が必要です。とくに診断を受けるための児童精神科の受診には抵抗があると理解し、早く支援につなげようとして急かさないことです。子どもの福祉サービスは診断書を必要としないものも多いので、保護者が十分に納得するまで待つようにしたほうがいいでしょう。

保護者が基本的な情報を得られるように、まずは発達障害者支援センターへの相談を勧めてみる方法もあります。発達障害についてわからないこと、どう対処していけばいいかなど、専門家が答えてくれます。

発達障害者支援センターは学校など関係機関からの相談にも応じ、支援者が困っていることへの対処法などを聞くこともできます。2024年度から障害のある人への合理的配慮が私立校も含めたすべての学校、事業者に法的に義務づけられますから、配慮の方法などでも活用してください。

保健センター、学校内での相談も活用

発達障害者支援センターが遠方だったり、混雑していたりする場合は、保護者の身近な相談先として市区町村の保健センターがあります。乳幼児健診などでなじみがある機関です。

外部の機関に行くことに保護者がためらっている場合は、学校に配置されたスクールカウンセラー、スクールソーシャルワーカーなどと話をする機会をもつことを提案してみてください。教育センターのカウンセラーやスクールソーシャルワーカーに相談する方法もあります。

通常学級に在籍したまま週に数時間、通級指導教室に通うことや、特別支援学級に移るといった選択肢を検討する場合は、教育委員会または教育センターに相談できることを保護者に伝えるといいでしょう。

発達障害者支援センターの役割

相談支援

年齢、診断の有無を問わず、相談に対応。本人だけでなく、家族、関係機関などからのさまざまな相談に対応。福祉サービス、保健、医療、教育、労働などの関係各機関への紹介も行う。

発達支援

本人と家族、また周囲の人からの発達支援に関する相談に対応し、児童相談所、医療機関、知的障害者更生相談所などと連携しながら、発達検査や療育、支援を行う。

就労支援

ハローワーク、地域障害者職業センター、障害者就業・生活支援センターなどと連携しながら、就労希望者に情報を提供する。必要に応じて学校、就労先を訪問、助言、支援を行う。

普及啓発・研修

地域住民を対象にした講習会の開催、パンフレット、チラシの作成、配布などのほか、保健、医療、福祉、教育、労働など関係機関、行政職員などを対象に研修を行う。

合理的配慮のポイント

障害のある子どもが、障害のない子どもと同じように教育を受けられるように、特性により必要となる設備の整備や支援員の確保、教材などの合理的配慮を学校側に求められる。

流れ 本人、保護者と学校側で特性による困りごとへの対応を話し合い、解決策を見つけるようにする。

注意点 大規模改築など財政・体制面で過度な負担があるものは例外。

事例
- 書字障害で板書の書き写しが難しい子どもにパソコンの利用を認める。
- 聴覚過敏の子どもにイヤーマフの着用を認める。
- 予想外の展開に対応が苦手な自閉スペクトラム症の子どもに、パニックを起こしたときのクールダウン用の別室を用意。
- 言語コミュニケーションが難しく、視覚情報に強い子どもに、視聴覚教材、デジタル教材を活用して対応。

発達障害のおもな特性と関わり方の工夫

自閉スペクトラム症（ASD）

【おもな特性】

- 社会性の難しさ、コミュニケーションの難しさ、興味、関心が狭く偏りがあるという3つの特性がある。
- 感覚過敏など感覚の偏り、不器用さ、睡眠異常、過集中、記憶力などの特性を併せ持つことが多い。
- 目で見る情報のほうが理解しやすい。
- 相手の気持ちが読み取りにくい。
- 予期しない変化に不安が強い。
- 自分の気持ちの調整が難しい。
- 将来のことがイメージしにくい。
- 順序立てて物事を進めることが苦手。
- 一度に複数のことを行うことが苦手。

【関わり方の工夫】

- 落ち着ける環境をつくる。
- 具体的かつシンプルな言葉を使う。
- 視覚的にわかる伝え方をする。
- 活動の区切りを明確にする。
- すでにある興味関心をほかのことに取り込む。
- 人との関わり方を教える。
- 自分の気持ちの表現の仕方を教える。
- パニックには冷静に対応する。

診断名・障害の表記について
「自閉スペクトラム症」「注意欠如・多動症」は、米国精神医学会の診断基準 DSM-5による診断名、「学習障害」は文部科学省による定義があり、いずれも広く認知されていることから使用しています（病気の分類、診断名には2022年1月に発効した WHO の ICD-11〈国際疾病分類第11版〉が国際的に用いられていますが、日本国内での ICD-10からの切り替え時期は明らかにされていません）。

学習障害(LD)

【 おもな特性 】

• 知的な遅れはなく、頑張っても学習の効果が上がらず、得手・不得手に大きなばら
つきが見られる。

•「読む」「書く」「計算する」ことに困難がある(ディスレクシアでは文字の読み書きに
限定した困難がある)。

【 関わり方の工夫 】

• 苦手な部分に早く気づく。

• その子に合う道具や教材を用意する。

• 叱らずに一緒に考える。

• 得意分野にも注目し、自信がつくようにする。

• 読めるか読めないかだけでなく、音読時間・速度を見る。

• 語彙を増やす。

• チャンキング(まとめて読む)の練習をする。

注意欠如・多動症(ADHD)

【 おもな特性 】

• 忘れっぽく集中できない(注意が持続せず、うわの空でぼんやりしてしまう、ひとつ
ずつのプログラムがきちんと終わらない、忘れもの、なくすものが多い)。

• じっとしていられない(授業中でも立ち歩く、手足をそわそわ動かす、しゃべり続け
てしまう)。

• 考える前に行動してしまう(相手の応答を待たずにしゃべる、順番を待つ、我慢す
ることが苦手、思ったらすぐ行動に移してしまう)。

【 関わり方の工夫 】

• 注意力への配慮をする(刺激を少なくする、用意するものは保護者も一緒に確認す
る、スモールステップで支援する)。

• 多動性への配慮をする(動いてOKの時間を設ける、体を動かせる役割を設定する)。

• 衝動性に配慮する(おおらかな気持ちであせらず、思い出し、気づかせる言葉がけ
を行い、待つことの大切さを教える)。

• 不安定な情緒面に配慮する(注意するときは一対一で、成功体験を増やす)。

参考：厚生労働省「発達障害の理解」

放課後等デイサービスを紹介し、特定相談支援事業者につなぐ

放課後に発達支援が受けられる通所施設

発達障害のある子どもは特性に合わせた発達支援を受けられます。具体的な内容は自治体によって異なるので、保護者に情報提供できるよう福祉サービスをまとめたパンフレットなどを役所で入手しておきましょう。

障害のある小中高生の通所施設として、放課後等デイサービスがあります。放課後や休日に生活能力向上のための訓練を受けたり、社会との交流の機会を得たりできる場所です。児童指導員、児童発達支援管理責任者などが配置され、夏休みなど長期休暇中も利用できます。成長とともに生じる保護者のさまざまな悩みの相談にも応じています。

プログラムはさまざまなので、保護者が子どもを連れて何軒か見学に行き、実際の様子や職員の支援の仕方などを見て決定します。近年は施設が急増し、習い事のような形態などが問題化し、見直しが進められています。

障害児支援利用計画を提出し、通所受給者証を取得

福祉サービスには申請が必要なので、利用開始までの手続きを把握しておきましょう。18歳未満への支援は児童福祉法に定められ、発達障害の診断書や障害者手帳の有無を問わないサービスが多くありますが、通所施設の利用申請に診断書や手帳を求める自治体もあり、確認が必要です。

通所施設を利用するには、通所受給者証を取得します。そのためには、市区町村が指定する特定相談支援事業者と契約し、障害児支援利用計画を作成し、窓口に提出する必要があります。保護者にはまず特定相談支援事業者にサービス利用について相談するように助言してください。

障害児支援利用計画は、適切なサービスを組み合わせて一体となった支援をするために作成されるものです。本人と保護者の希望や目標、課題と利用するサービスなどが記され、関係者の情報共有に活用されます。

放課後等デイサービスの特徴

- 小学校入学から高校、特別支援学校卒業まで障害のある子どもが通う通所施設。
- 2024年度から専修学校、各種学校へ通学する障害児についても、通所の必要性が認められる場合は対象となる。
- 土曜、長期休暇中は朝から夕方まで利用できる施設が多い。
- 親の就労は問われない。
- 放課後に学校まで迎えに行くサービスも多い。
- 世帯の所得に応じたサービス利用料金を毎月支払う。
- 2024年度から以下の2つに分類され、ピアノや絵画の習い事、学習塾、見守り、預かりのみの事業所は公費対象外となる見込み。

総合支援型（仮称）	特定プログラム特化型（仮称）
基本のタイプ。健康・生活、運動・感覚、認知・行動、言語・コミュニケーション、人間関係・社会性の5領域すべてをカバー。	総合的支援に加えて、理学療法、作業療法、言語療法など専門性の高い特定プログラムを提供するタイプ。

対応のヒント

発達障害児の障害者手帳取得について

　障害者手帳には、精神障害者保健福祉手帳、療育手帳、身体障害者手帳の3種類があります。発達障害のある人が対象に含まれるのは、精神疾患により日常生活に支障がある人のための精神障害者保健福祉手帳。もっとも重い1級から3級まであります。

　知的障害をともなう発達障害児は、療育手帳を併せて取得できる場合もありますが、自治体による運用なので地域により認定基準などが異なります。

　成人以降の取得には、就労支援や障害福祉サービスの利用、税の控除や各種料金の減免などのメリットがありますが、子どものうちはとくに必要がなければ取得を勧めなくてもいいでしょう。「レッテルを貼るようだ」「偏見の目で見られる」と拒否する保護者も少なくありません。

　症状が軽減した場合、返納することもできます。

通所施設の利用までの流れ

1　施設の利用を相談、情報収集

市区町村の窓口、特定相談支援事業者などに保護者が相談。
情報を集め、候補の施設を選ぶ。

2　施設の見学・決定

保護者が子どもを連れて何か所か見学。空きのある施設の内諾を得る。

3　市区町村の窓口で通所受給者証を申請

提出書類は世帯の所得を証明する納税証明書など(障害者手帳、医師の診断書が必要な
自治体もある)。交付まで2週間～1か月程度。

4　障害児支援利用計画案の作成・提出

保護者が特定相談支援事業者に作成してもらい、窓口に提出する。

5　市区町村による面接調査・審査

障害の種類や程度などが利用要件を満たしているか、親子との面接、
障害児支援利用計画案などで審査を受ける。

6　通所受給者証の交付

サービス支給が決定されると自宅に送付される。

7　施設と契約、利用開始

特定相談支援事業者が通所施設と連絡調整を行い、利用開始。特定相談支援事業者は
一定期間ごとにサービスの利用状況についてモニタリングを行う。

未就学児の通所施設について

　保育園や幼稚園に通う子どもについて、発達障害の疑いをもった場合、児童発達支援センターという通所施設があります。ひとりひとりの子どもの特性に合わせて、食事、着替え、トイレなど日常生活の動作の指導、集団生活に適応する訓練、機能訓練などを行う施設です。

　子どもの困りごとの解消に役立つと考えた場合、施設の情報などを集めて保護者に提案してみるといいでしょう。見学から申請、利用開始までの流れは放課後等デイサービスと同じで、通所受給者証が必要です。障害者手帳がなくとも、市区町村と医師が必要と判断すれば利用できます。

　これまで児童発達支援センターは福祉型と医療型に分かれていましたが、2024年度より一元化され、障害の種類にかかわらず身近な地域で発達支援を受けられるように変わります。地域における障害児支援の中核的役割をセンターが担うことが明確化されました。

出典：文部科学省「学校・教育委員会等向け虐待対応の手引き」

1-3

特別支援教育コーディネーターを中心に学校内外の連携体制を構築

個別の教育支援計画を作成する

　学校において特別支援教育の中心的役割を果たすのは、特別支援教育コーディネーターです。校長の指名を受け、特別な支援が必要な子どもの学級担任を支援し、外部の医療、福祉などの各機関とも連携しつつ、保護者や子どもの相談などに対応します。

　学校内の支援体制強化のために設置されるのが校内委員会です。校長、特別支援教育コーディネーター、学級担任ほかで構成し、子ども本人と保護者の希望などを取り入れて適切な支援ができるように話し合います。

　これらのしくみがあまり機能していない場合、文部科学省や自治体の資料を集め、校長などに掛け合うのもひとつの方法です。

　特別支援教育コーディネーターは担任と連携し、障害のある子どもやグレーゾーンの子どもについて個別の教育支援計画を作成します。本人、保護者らと相談しながら、目標や課題、支援方法などを記載します。長期にわたる一貫した支援のための計画であり、進級、進学時に引き継がれます。

要請により小中学校をまわる巡回相談

　発達障害のある子どもへの対応には、やはり専門的な知識や技能が求められます。小中学校が教育委員会などに要請し、臨床心理士などの巡回相談員が学校を訪れる巡回相談の利用も検討してください。学習能力の向上、集団生活への適応についての支援などの助言を依頼できます。

　巡回相談員は学校で子どもの様子を観察し、検査や担任などからの聞き取り、保護者との面談などで適切な支援の方法を判断します。

　巡回相談員は教育委員会に置かれた教育学、心理学、医療、福祉などの専門家チームと連携し、その判断や助言を校内委員会に伝えるなどして学校との橋渡し役を担い、支援を行います。

個別の教育支援計画のポイント

流れ

- 乳幼児期には、保育園、幼稚園が作成する。

- 就学後は学校が中心となって作成し、中学、高校などに引き継いでいく。

- 学校と保護者、関係機関が多面的・多角的に情報を共有、蓄積できる。

- 成長、状況の変化などに応じて、学期ごと、年度ごとに見直す。

記される内容の例

- 家庭環境

- 得意なこと、好きなこと

- 苦手なこと、嫌いなこと

- 本人と保護者の願いや目標

- 医師の診断、受診の状況

- 就学先とそこでの指導、支援の内容

- 医療、福祉サービスの利用状況

子どもが示すサイン

栄養不良、不衛生、傷やあざがある、学用品の準備、給食費の支払いに問題

傷やあざを見つけた場合に限らず、極端なやせ方、衣服や身体の汚れなども児童虐待のサイン。学用品の準備や給食費の支払いに問題がある場合など、貧困と虐待が関連している可能性も考えられます。

Issue 2 で紹介する項目

増加し続ける児童虐待

　子どものサインから発覚しやすい児童虐待として、ネグレクトと身体的虐待があります。適切なケアをされていない場合はネグレクト、傷やあざなどがある場合は身体的虐待が疑われます。児童虐待にはほかに心理的虐待、性的虐待などがあります。

　全国の児童相談所が対応した児童虐待の件数は、2022年度には22万件近くに上りました。その6割近くを心理的虐待が占め、身体的虐待が約24％、ネグレクトが約16％と続きます。

　虐待の件数は、統計を開始した1990年度から32年連続で増加し続けています。児童虐待への意識の高まりとともに警察への通報が増え、警察から児童相談所に連絡がいくケースが増えたことも背景にあるといわれています。

児童虐待の一因となる貧困

　学校への費用の支払いが遅れたり、夏休みの後に子どもが明らかにやせていたりする場合、家庭が経済的に困窮している可能性も考えられます。

　厚生労働省の国民生活基礎調査によると、所得水準などから貧困の状態にあると見なされる18歳未満の子どもの割合（子どもの相対的貧困率）は、2021年に11.5％。近年は改善傾向にあるものの、ひとり親世帯に限ると44.5％と半数近くを占めています。

　日々の生活の苦しさから心身ともに疲弊し、追い詰められ、児童虐待へつながるケースは多く見られます。子育てを支援する制度、サービスなどを活用できるようにサポートし、子どもとその家庭の課題に早めに対応することが大切です。

　児童虐待に対しては、保育所・幼稚園、学校、教育委員会のほか、市区町村の担当部署、児童相談所、警察、保健所、医療機関、民間団体などが連携し、個々のケースに応じた支援体制を築くことが求められます。

2-1

重症度に応じて児童相談所と
市区町村が対応するしくみ

児童虐待に気づいたら連絡・通告

　子どもが虐待を受けていることを発見した人は、児童福祉法により児童相談所や市区町村へ通告するよう義務づけられています。比較的低リスクと考えられる場合も、市区町村への情報提供に努めるよう定められています。

　児童虐待への対応は、子どもの生命の危険がある最重度、保護者からの分離保護が必要な重度のケースは児童相談所が担います。一方、中度、軽度で在宅支援を行う場合は、市区町村が対応します。対応する機関が分かれるのは、虐待件数が増え、児童相談所だけでは対応できなくなったためです。法改正により、市区町村と児童相談所が分担する形となりました。

　重度のケースを児童相談所が担当するのは、強制的な立入調査や一時保護、施設入所など強大な権限をもっているからです。たとえば学校関係者が児童相談所への通告をためらい、市区町村に情報提供のつもりで連絡しても、児童相談所が介入して安全確認を行うこともあります。

市区町村により異なる要対協の実態

　巾区町村が児童虐待について相談を受けた場合、児童福祉担当部署が調査を行い、児童相談所と連携して対応します。

　関係機関が地域のネットワークを構築して支援できるように、市区町村の協議の場として国が推進しているのが要保護児童対策地域協議会（以下、要対協）の設置です。虐待に関する情報が寄せられると要保護児童として登録するか否かが決定され、児童福祉担当部署と児童相談所に加え、学校、警察、保健機関、医療機関、民間団体などで構成される要対協が検討会議を行い、連携して支援していくというしくみです。

　要対協に情報が集約され、調整、連携が円滑に行われれば効果的な支援が期待されますが、形骸化し、機能していないケースも多いのが実情です。

重症度に応じた虐待対応の分担

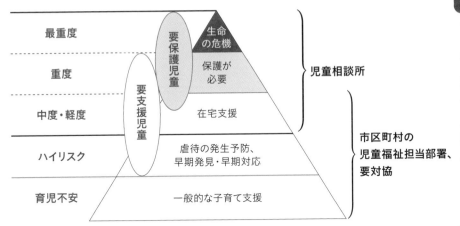

参考：厚生労働省「子ども虐待対応の手引き」（平成25年8月 改正版）

要保護児童対策地域協議会の対応例　＊父親から母子への虐待事例への対応

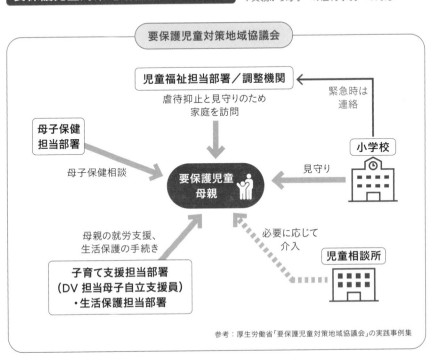

参考：厚生労働省「要保護児童対策地域協議会」の実践事例集

2-2

虐待が疑われる子どもへの
初期対応のポイント

虐待のタイプ、注意点を把握する

　日頃から子どもと接している学校、教職員などは、虐待に気づきやすい立場にあります。登校時、授業中、給食の時間のほか、健康診断や水泳の時間などは、とくに身体的虐待、ネグレクトの早期発見につながる機会です。注意したいポイントなどは頭に入れておきたいものです。

　虐待のタイプがひとつではなく、複合しているケースも多くあります。

　身体的虐待は、子どもの身体に外傷が生じる暴行を加えること。打撲傷、骨折、やけどなどが見られ、服で隠れる場所に傷がある可能性もあります。

　ネグレクトでは、食事や入浴、着替えなどがはなはだ不十分な状態です。病気でも治療を受けさせなかったり、どこかに置き去りにしたり、同居人による身体的虐待や性的虐待を放置したりすることも虐待にあたります。

　性的虐待とは、わいせつな行為をしたり、させたりすること。心理的虐待は、心に傷をつける経験をさせること。子どもの存在を否定する言動、兄弟姉妹との不当な待遇の差、眼前でのDVなども該当します。

子どもに向き合い、話を聞く

　虐待を受けている子どもは、なかなか自分から声を上げられません。早期発見、早期対応のためにはSOSを迅速にキャッチしてください。

　話を聞く際は、子どもが安心できる場で、事実確認を急ぐのではなく、共感し、気持ちを受け止める傾聴を意識します。動転して感情的に問い詰めたりすると、子どもが打ち明けた内容を取り消すことになりかねません。「誰にも言わない」「家から救い出す」などの無責任な約束もしないことです。話の内容は児童相談所などに伝え、専門家の支援を受ける必要があります。本人や親を非難する言葉も使わないように気をつけましょう。

　自治体が作成した児童虐待対応マニュアルが参考になります。

子ども虐待の4つの類型　※一例です。

身体的虐待

• 殴る、蹴る。
• 激しく揺さぶる。
• やけどを負わせる。
• 溺れさせる。
• 首を絞める。
• 食事を与えない。
• 戸外に締め出す。
• 縄などにより一室に拘束するなどの行為。
• 意図的に子どもを病気にさせる。
• 無理心中およびその危険がある。

心理的虐待

• 子どもの目の前で配偶者などに暴力をふるう。
• 言葉による脅かしや、脅迫。
• 無視したり、拒否的な態度を示す。
• 子どもの自尊心を傷つけるような言動など。
• 兄弟間で差別的な扱いをする。

性的虐待

• 子どもへの性交、性的行為。
• 子どもの性器を触る、または触らせるなどの性的行為。
• 子どもに性器や性交を見せる。
• ポルノグラフィーの被写体とする。

ネグレクト

身体的ネグレクト

• 衣類など長期間ひどく不潔なままにする。
• 食事、衣類、住居などが極端に不適切。
• 適切な食事を与えない。

医療ネグレクト

• 病気になったりケガをしても必要な治療を受けさせない。

情緒的ネグレクト

• 子どもにとって必要な情緒的欲求にこたえていない（愛情遮断など）。

教育ネグレクト

• 子どもの意思に反して学校などに登校させない。
• 子どもが学校などに登校するよう促すなど子どもに教育を保障する努力をしない。

養育・監護ネグレクト

• 乳幼児を自動車や家に残したまま外出する。
• 家に閉じ込める。
• 子どもを遺棄する。
• 同居人が虐待していても放置する。

出典：横浜市「子ども虐待防止ハンドブック」

子どもにとって有害な行為、健やかな心身の成長の妨げになるものは虐待といえる。

虐待リスクのチェックリスト

虐待の発生予防のために、保護者への養育支援の必要性が考えられる児童等（要支援児童等）の様子や状況例【学齢期以降】

★判定基準ではなく、あくまで目安のひとつです。

		☑	様子や状況例
子どもの様子	健康状態		不定愁訴、反復する腹痛、便通などの体調不良を訴える。
			夜驚、悪夢、不眠、夜尿がある（学齢期に発現する夜尿は要注意）。
	精神的に不安定		警戒心が強く、音や振動に過剰に反応し、手を挙げただけで顔や頭をかばう。
			過度に緊張し、教員等と視線が合わせられない。
			教員等の顔色をうかがったり、接触をさけようとしたりする。
	無関心、無反応		表情が乏しく、受け答えが少ない。
			ボーっとしている、急に気力がなくなる。
	攻撃性が強い		落ち着きがなく、過度に乱暴だったり、弱い者に対して暴力をふるったりする。
			他者とうまく関われず、ささいなことでもすぐにカッとなるなど乱暴な言動が見られる。
			激しいかんしゃくをおこしたり、かみついたりするなど攻撃的である。
	孤立		友達と一緒に遊べなかったり、孤立しがちである。
	気になる行動		担任の教員等を独占したがる、用事がなくてもそばに近づいてこようとするなど、過度のスキンシップを求める。
			不自然に子どもが保護者と密着している。
			必要以上に丁寧な言葉遣いやあいさつをする。
			繰り返し嘘をつく、空想的な言動が増える。
			自暴自棄な言動がある。
	反社会的な行動（非行）		深夜の徘徊や家出、喫煙、金銭の持ち出しや万引きなどの問題行動を繰り返す。
	保護者への態度		保護者の顔色をうかがう、意図を察知した行動をする。
			保護者といるとおどおどし、落ち着きがない。
			保護者がいると必要以上に気を遣い緊張しているが、保護者が離れると安心して表情が明るくなる。
	身なりや衛生状態		からだや衣服の不潔感、髪を洗っていないなどの汚れ、におい、垢の付着、爪が伸びている等がある。
			季節にそぐわない服装をしている。
			衣服が破れたり、汚れている。
			虫歯の治療が行われていない。
	食事の状況		食べ物への執着が強く、過度に食べる。
			極端な食欲不振が見られる。
			友達に食べ物をねだることがよくある。
	登校状況等		理由がはっきりしない欠席・遅刻・早退が多い。
			きょうだいの面倒を見るため、欠席・遅刻・早退が多い。
			なにかと理由をつけてなかなか家に帰りたがらない。

保護者の様子	子どもへの関わり・対応	理想の押しつけや年齢不相応な要求がある。
		発達にそぐわない厳しいしつけや行動制限をしている。
		「かわいくない」「にくい」など差別的な発言がある。
		子どもの発達等に無関心であったり、育児について拒否的な発言がある。
		子どもに対して、繰り返し馬鹿にしてからかう、ことあるごとに激しく叱ったり、ののしったりする。
	きょうだいとの差別	きょうだいに対しての差別的な言動や特定の子どもに対して拒否的な態度をとる。
		きょうだいで服装や持ち物などに差が見られる。
	心身の状態（健康状態）	精神科への受診歴、相談歴がある（精神障害者保健福祉手帳の有無は問わない）。
		アルコール依存（過去も含む）や薬物の使用歴がある。
		子育てに関する強い不安がある。
		保護者自身の必要な治療行為を拒否する。
	気になる行動	ささいなことでも激しく怒るなど、感情や行動のコントロールができない。
		被害者意識が強く、事実と異なった思い込みがある。
		他児の保護者との対立が頻回にある。
	学校等との関わり	長期にわたる欠席が続き、訪問しても子どもに会わせようとしない。
		欠席の理由や子どもに関する状況の説明に不自然なところがある。
		学校行事への不参加、連絡をとることが困難である。
家族・家庭の状況	家族間の暴力、不和	夫婦間の口論、言い争いがある。
		絶え間なくけんかがあったり、家族（同居者間の暴力）不和がある。
	住居の状態	家中ゴミだらけ、異臭、シラミがわく、放置された多数の動物が飼育されている。
		理由のわからない頻繁な転居がある。
	サポート等の状況	近隣との付き合いを拒否する。
		必要な支援機関や地域の社会資源からの関わりや支援を拒む。

		☑	様子や状況例
参考事項※	経済的な困窮		保護者の離職の長期化、頻繁な借金の取り立て等、経済的な困窮を抱えている。
	生育上の問題		未熟児、障害、慢性疾患、発育や発達の遅れ（やせ、低身長、歩行や言葉の遅れ等）が見られる。
	複雑な家族構成		親族以外の同居人の存在、不安定な婚姻状況（結婚、離婚を繰り返す等）。
	きょうだいが著しく多い		養育の見通しもないままの無計画な出産による多子。
	保護者の生育歴		被虐待歴、愛されなかった思い等、何らかの心的外傷を抱えている。
	養育技術の不足		知識不足、家事・育児能力の不足。
	養育に協力する人の不在		親族や友人などの養育支援者が近くにいない。
	妊娠、出産		予期しない妊娠・出産、祝福されない妊娠・出産。
	若年の妊娠、出産		10代の妊娠、親としての心構えが整う前の出産。

※不適切な養育状況以外の理由によっても起こる可能性があります。

出典：文部科学省「学校・教育委員会等向け虐待対応の手引き」

2-3

学校における
虐待への対応の注意点

学校、教職員には虐待の通告義務がある

　児童虐待を早期発見する機会が多い学校において、どのように対応していくかを見てみましょう。

　学校、教職員は虐待を受けたと思われる子どもを見つけたら、市区町村の虐待対応部署や児童相談所にすみやかに通告することが義務づけられています。子どもの安全を第一に考え、確証がないからとためらわないことです。実際に虐待があったかどうかを判断するのは、学校ではなく児童相談所などの専門機関です。虐待ではなかったとしても責任は問われません。「通告するほど重度ではないのではないか」と迷った場合、緊急でない場合は、市区町村の虐待対応担当課に相談する方法もあります。保護者との関係悪化を心配するより子どもを優先してください。

　ひとりで抱え込まず、管理職に報告して組織的に対応することも重要です。校長などがリーダーシップをとり、学級担任、養護教諭、スクールカウンセラー、スクールソーシャルワーカー、生徒指導主事らと連携します。

通告後は情報提供などで協力する

　通告を受けた児童相談所、市区町村は子どもの安全確認、情報収集、調査を行います。学校は子どもと保護者などの情報を提供します。そのためにも、子どもの様子や家庭状況などは日頃から具体的に記録しておきます。

　一時保護が決まった場合も、子どもの様子を児童相談所にたずねて校内チームで情報共有し、学校に戻ったときの支援方法などを話し合います。

　在宅での支援となった場合、また一時保護が解除された後の在宅での支援では、子どもに変わったところはないか注意深く観察します。気になることがあれば、児童相談所や市区町村に相談してください。7日以上欠席した場合は、理由にかかわらず市区町村か児童相談所に情報提供します。

学校における虐待対応の流れ　～通告まで～

1　虐待サインに気づく

- 日常の観察、健康診断、水泳指導から。

- 教育相談、アンケートから。

- 子ども、保護者からの訴えにより。

- 学校医、学校歯科医、学童保育、ほかの保護者などからの情報提供。

＊チェックリスト(P44、45)を活用し、早期発見に努める。

2　児童・生徒の安全を確保

- 安心、安全な場所で保護する。

- ケガをしている場合、必要に応じて医療機関を受診。

3　管理職へ報告

- すみやかに管理職に報告、相談する。

- 以降は校長など管理職が中心となり組織的に対応する。

- 管理職、養護教諭、学級担任、学年主任、スクールカウンセラー、スクールソーシャルワーカーなどがチームとして情報を共有し、対応。

4　市区町村または児童相談所に通告

- 重篤な身体的虐待、ネグレクト、性的虐待が疑われる場合は児童相談所へ通告。

- それ以外は子どもが居住する市区町村の虐待対応担当課に通告。

- 生命の危険があるときは、すみやかに警察に通報(この場合、警察が児童相談所に連絡する)。

＊虐待の有無は児童相談所など専門機関が判断する。

参考：神奈川県「児童虐待対応マニュアル(小・中学校教職員向け　保存版)」

児童相談所、市区町村への協力

- 児童相談所、市区町村の虐待対応担当課は通告を受け、子どもの安全確認、情報収集、調査を行う。
- 児童相談所による学校での安全確認の際、教職員はできるだけ詳細な状況を伝えるなど協力する。

一時保護となった場合

- 安全確認の結果、児童相談所は必要に応じて一時保護を決定する場合がある。
- 学校は学習機会の確保のため、児童相談所、一時保護所と連携する。
- 一時保護の解除後の支援について、学校は専門家や関係機関とケース会議などを開き、対応プランを決めておく。

在宅での支援となった場合

- 子ども、保護者の様子を注意深く観察し、気になる点、不自然なことがあった場合は、市区町村、児童相談所に相談。
- 教職員が要保護児童対策地域協議会の個別ケース会議への参加を要請された場合、子どもと保護者の様子などの情報を提供する。
- 児童相談所が必要と判断した子どもについては、1か月に1回程度、出欠状況などを報告。7日以上欠席した場合、すみやかに情報提供する。

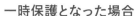

信頼を得るまで寄り添い続ける

　虐待を受けた子どもは大人への恐怖や不信感が強く、自尊感情や自己肯定感がとても低い傾向があります。教員らが「怖がらないで何でも話してね」「味方だからね」と伝えても、簡単には信じてもらえません。
　信頼を得るには時間が必要です。ともに過ごす時間をつくり、関係者での関わりを続け、長く寄り添い続けてください。そのなかで少しずつ変化があらわれるでしょう。

医療機関で虐待を疑ったときの対処のしかた

子どもの安全確保が何より重要

　医療機関、医療従事者は子どもとその保護者と会う機会が多く、虐待の早期発見に努めるように定められています。入院が必要なほど重度な虐待が疑われる場合は児童相談所、そこまで重度でない場合は市区町村の虐待対応担当課に通告します。生命の危険がある場合は警察に連絡します。

　守秘義務違反を心配する必要はありません。虐待の通告については本人の同意なく個人データを提供できます。通告の際は、受診の経過、虐待を疑う理由、保護者からの説明、医学的に見た危険度と予後を説明しましょう。

　判断に迷う場合も、優先すべきは子どもの安全確保です。親子の言動を観察し、十分に検討してください。医療従事者が虐待の可能性を言葉にすると保護者の反発を招くため、口に出さないように気をつけましょう。

　ほかのスタッフとも話し合い、院内子ども虐待対応チームがある場合はチームで協議を行います。児童家庭支援センター、市区町村の保健所、保健センターなどに相談する方法もあります。

早期発見につながるチェックポイント

- ☑ 子どもに治療を受けさせたがらない。
- ☑ 症状が出てから受診まで日数が経っている。
- ☑ 外傷についての説明があいまいで、原因がはっきりしない。
- ☑ 保護者の話が途中で変わり、症状と合致しない。
- ☑ 保護者が自己中心的、子どもを心配しないなど様子が不自然。
- ☑ 子どもが保護者におびえ、発言をためらう。
- ☑ 子どもが低栄養、脱水、心理的ストレスなど原因不明の消耗状態。

2-5

保護者への対応、相談窓口の紹介

居住する地域の相談窓口を紹介

　虐待を否定する保護者、虐待にあたると認識していない保護者は少なくありません。一般の子育て支援サービスなどで対応可能と見られる比較的軽微なケースは、市区町村が中心になって対応していきます。子育てに困難や悩みを抱える保護者には、地域における相談窓口を紹介し、必要な支援につなげる道筋をつくりましょう（家庭への支援は3章で紹介します）。

　虐待や貧困などの相談窓口には子ども家庭総合支援拠点、妊産婦や乳幼児についての相談先としては子育て世代包括支援センターがあります。国の施策で2024年度から両者はこども家庭センターに生まれ変わり、すべての子ども、子育て世帯、妊産婦の相談支援にあたります。

　また、児童家庭支援センターにおいても、虐待の予防を目指して保護者からの相談に応じ、専門的な支援を行っています。

非難する前に話を聞いて課題を把握する

　保護者と話をする際、一方的に非難したのでは関係が悪化するだけです。きちんと話を聞き、共感を示す姿勢が求められます。虐待にいたった要因としては、自らが虐待を受けた経験やDV、経済的困窮、心身の不調、子どもの病気や障害など、さまざまなことが考えられます。それぞれの家庭の課題を把握し、必要な支援につなげる必要があります。

　児童相談所や市区町村に通告した場合、個々のケースに応じて援助方針がたてられ、保護者への指導助言、カウンセリングなどが行われます。

　通告後、学校に保護者が怒鳴り込むなど威圧的、暴力的な言動が予想される場合、市区町村、児童相談所、警察、教育委員会などの関係機関、弁護士などの専門家と情報共有し、連携して対応できるよう準備しておきましょう。子どもを守ることを最優先として毅然とした姿勢を示すことです。

地域のおもな相談窓口

名称	対象	相談内容	対応
子ども家庭総合支援拠点※	管内のすべての子どもとその家庭、妊産婦など。	子育て全般、児童虐待、養育困難な状況など。	虐待対応専門員(社会福祉士、精神保健福祉士、医師、保健師など)による虐待の発生防止の支援。カウンセリング、福祉関連機関との連携など。
子育て世代包括支援センター※	乳幼児とその保護者、妊産婦など。	育児、妊娠・出産について。	保健師、看護師、ソーシャルワーカーなどが相談に応じ、助言、保健指導、支援プランを策定、関係機関と連絡調整。
児童家庭支援センター	子どもとその家庭、地域住民など。	子育て全般、虐待、非行などの問題。	相談員、心理担当職員などによる子どもと家庭への指導、親子関係の再構築支援、専門的ケア。児童相談所などとの連携、連絡調整。

※子ども家庭総合支援拠点と子育て世代包括支援センターが見直され、2024年度よりこども家庭センターの設置が進められる。

威圧的な親への対応のポイント

複数でチームとして対応する。

虐待を疑った経緯、情報源などは明かさない。

一時保護などは児童相談所の判断と答える。

市区町村、児童相談所、警察などと連携する。

個人情報の開示は必要により弁護士と相談する。

2-6

子ども食堂、食料支援の情報を提供する

子どもだけでも利用でき、欠食、孤食を防ぐ

　ネグレクトや経済的な事情から食事を十分にとれない子どもには、子ども食堂が心強い存在となるでしょう。基本的に無料または低料金で、子どもひとりでも利用できます。保護者の帰宅が遅い家庭でも、孤食を防ぎ、地域の人たちと会話しながら食事ができるメリットがあります。

　子ども食堂は法律に則って設けられる施設ではないため、公的な基準はありません。NPO法人や社会福祉法人、自治会などが公共施設や介護施設、店舗などを利用して運営したり、個人が自宅で開いたりと、形態はさまざまです。食材は寄付、調理などの人員はボランティアにより賄われていることが多く、自治体の助成を受けている場合もあります。

　食堂が開かれる頻度も、毎日、週に一度、月に一度とそれぞれ異なります。夏休みに昼食を提供する子ども食堂もあります。

貧困対策からふくらむ機能

　一般的に、子ども食堂は困窮する親子が気後れせず利用できるように配慮されています。最近では、介護施設に高齢者と子ども、地域の住民が集まる多世代の交流拠点とするなど、いくつもの機能を兼ね備えた施設も増えてきました。地域食堂、みんな食堂などの呼称も生まれています。

　子ども食堂で遊びを教わったり、宿題をしたりするなかで、子どもの社会性や自己肯定感が育まれることも期待されています。高齢者の欠食、孤食を防ぎ、新しい楽しみと人間関係をつくることにも役立っています。

　ニーズを受けて、子ども食堂は全国的に増えています。コロナ禍で始めた食材や弁当の配達を続けている施設もあります。必要な人に無償で食品を届けたり、配布会を開いたりするフードバンク（詳細はP140、141）も増加しているので、地域に利用可能なところがあれば紹介するといいでしょう。

子ども食堂の役割

地域の交流拠点

子どもの居場所・見守り
孤食の防止
多世代の交流・地域の人間関係の構築
子育ての悩みを話す機会

貧困対策

保護者の経済的負担の軽減
欠食の防止

子どもの学び支援

食育の機会
社会性の習得
自己肯定感の醸成

子ども食堂の探し方

「ガッコム×むすびえ　こども食堂マップ」サイト

学区情報をもつ「ガッコム」と「NPO 法人全国こども食堂支援センター・むすびえ」がコラボ。マップから地域の子ども食堂を探せる。

「こども食堂ネットワーク」サイト

子ども食堂を運営する人が交流、その輪を広げるための全国的な連絡会のサイト。全国にある子ども食堂の情報を掲載。

地方自治体などのサイト

子ども食堂の情報を掲載している都道府県、市区町村のサイトもある。役所や地域の社会福祉協議会などに電話で問い合わせる方法もある。

2-7

子どもが放課後を過ごせる居場所の紹介

民営が増えて多様化する学童保育

　小学生が放課後を過ごせる居場所を見つけることは、自宅にひとりで置いておかれる状況への対処となります。

　居場所として第一に考えられるのは、市区町村が運営する放課後児童クラブ（学童保育）です。学校の空き教室などを利用して小学生を預かり、遊びと生活の場を提供します。保護者が働いているなどの条件があります。

　平日の放課後には、宿題をして、おやつを食べ、遊ぶというのが一般的な過ごし方です。基本的な生活習慣、年齢の異なる子どもとの関わり方など社会性を身につけ、健全な育成を図ります。利用者が急増し続けて整備が追いつかず、利用できないケースも多いことが難点です。

　近年では、民間企業による学童保育が増え、習い事や夕食、送迎まで提供するなど多様化していますが、民営はそれだけ料金が高くなります。

放課後子ども教室と児童館の利用

　小学校の空き教室などを利用した放課後子ども教室も、安全に過ごせる場として考慮するといいでしょう。多くの市区町村で実施され、親の就労は問われませんが、開催回数が限られます。授業以外では学び、スポーツ、文化活動に縁のない子どもであれば、貴重な機会となります。地域の講師による昔遊び、手芸、料理、英語などの体験プログラムを行うところもあります。基本的に料金は無料。登録すれば好きなときに参加できます。

　国は学校施設を活用して、放課後児童クラブと放課後子ども教室の両方を一体的に行う事業を中心に整備を進めています。

　中学生以上には、18歳未満を対象とする児童館があります。自由に遊び、くつろぐことができますが、未設置の自治体が約4割に上ります。

放課後児童クラブ（学童保育）、放課後子ども教室、児童館の特色

	放課後児童クラブ（学童保育）	放課後子ども教室	児童館
所管／運営	子ども家庭庁／市区町村、保護者会、社会福祉法人、学校法人、民間企業など。	文部科学省／市区町村、保護者会、社会福祉法人、学校法人、民間企業など。	子ども家庭庁／都道府県、市区町村、社会福祉法人など。
対象	保護者が就労する家庭などの小学生。	小学生。	0〜18歳未満のすべての子どもと保護者。
利用料	公営は3,000〜7,000円、民営は3万〜7万円程度（ともに月額）。	基本的に無料（保険料やプログラムによる料金が必要な場合もある）。	無料。
利用方法	募集時期に申請、登録する。	学校、自治体の窓口で申請、登録。	開館時間帯は自由に利用できる。
ポイント	公営は待機児童が多い。低学年優先で、高学年の利用が難しい傾向がある。	週1、2回のところが多い。規定は自治体により異なる。	公共施設に併設し、各種のプログラムが行われている場合も多い。

2-8

子どもの学習、
夏休みの過ごし方のヒント

将来の可能性も広げる無料の学習塾

　保護者が子どもの勉強に無関心だったり、金銭的な理由で塾をあきらめていたりする場合、困窮家庭向けの無料の学習塾を提案するのもひとつの方法です。国も貧困の連鎖を防ごうと、子どもの学習支援・生活支援事業を推し進めています。保護者には勉強を教われば学力がつき、進路の選択肢が増えて将来の可能性が広がるといった話をしてみるといいでしょう。

　学習支援事業は自治体が地域の状況に合わせ、退職教員や大学生など地域の資源を活用しながら行っています。場所は学校の空き教室、図書館、公民館などで、子どもの居場所となって生活習慣を改善し、家庭への養育支援につなげる目的もあります。前項で取り上げた放課後子ども教室も、その一環として実施されています。

　対象、条件、開催回数や支援内容などは自治体により異なります。生活困窮者自立支援制度にもとづく支援なので、社会福祉協議会や市区町村の担当部署に問い合わせ、情報を集めるといいでしょう。

　ほかに、学習支援に力を入れている子ども食堂などもあります。

民間でも広がる無償の体験プログラム

　困窮家庭では外出の機会が限られ、学校外の体験がない子どもも少なくありません。体験格差が自己肯定感や社会性、将来に影響することから国の進める生活支援にも体験活動が含まれ、自治体がスポーツ、レクリエーション、イベントなどの体験活動の実施に取り組み始めています。

　夏休みなどに体験の機会を無償で提供する動きは、民間でも広がっています。NPO法人や企業、自治体、大学などが連携し、スポーツやITスキル、音楽などの教室、キャンプなどの自然体験、美術鑑賞などの文化体験などをサポートしています。宿泊型のプログラムもあります。

学習支援、体験活動の概略

	学習支援	体験活動
対象	原則としてすべての子ども。	プログラムにより異なる。
費用	原則として無料（実費が必要な場合あり）。	原則として無料（実費が必要な場合もあり）。
協力者	地域の退職教員、大学生、民間の教育事業者、NPO法人、社会福祉協議会など。	NPO法人、企業、大学、ボランティアなど。
内容	自治体、運営主体により異なる。宿題、予習、復習、テスト勉強、受験勉強、ICTの活用、英検などの検定試験対策、進路相談など。	英会話、実験、工作、スポーツ、音楽、調理実習、プログラミングなどの教室、地域探検、農業体験、スポーツ大会、各種イベントなど。

Topic

体験活動の探し方

　自治体の実施する体験活動については、市区町村の子育て、教育の担当窓口で情報を集めるといいでしょう。都道府県の教育委員会が主催する自然体験、生活体験、スポーツ教室などもあります。

　インターネットで検索できるのが、「体験の風をおこそう」運動推進委員会（事務局／独立行政法人国立青少年教育振興機構）のサイト。登録されている事業、イベントなどの情報を「体験をさがそう！」から見ることができます。

　また、「子どもゆめ基金　助成活動情報サイト」には、助成を受けた民間団体の体験活動が掲載されています。子どもゆめ基金とは、国と民間が協力し、子どもの体験、読書活動などを応援する基金です。

2-9

義務教育に必要な物品と費用の調達方法を紹介

小・中学校の就学援助制度

　経済的な事情で小・中学校の義務教育にかかる費用の支払いに困難がある場合、就学援助制度を利用しているかどうか保護者に確認しましょう。まずは申請しないことには給付につなげられません。

　対象は、第一に収入が生活保護ラインを下回る世帯。生活保護の教育扶助を受給している場合は、対象外となるか、重複しない修学旅行費などの援助が受けられます。それ以外の世帯でも、市区町村の教育委員会が定めた規定に該当すれば、制度を利用することができます。

　支給されるのは、学用品費、体育実技用具費、通学費、宿泊を伴う校外活動費、入学準備費、給食費、医療費、クラブ活動費、卒業アルバム代、PTA会費、生徒会費、オンライン学習通信費など多岐にわたります（給食費は近年、無償化する自治体が広がりを見せています）。

　たとえば、小・中学校の入学時にランドセルや制服などを購入する費用がない場合、対象に該当すれば入学準備費を受給できます。

　問い合わせ先は、学校または市区町村の教育委員会です。

学用品、制服などのリユースを活用する

　ランドセルや制服、体操服、スポーツ用品などについては、リユース活動も広がっています。使わなくなった学用品の回収ボックスを設置している小・中学校もあれば、学生服の回収ボックスを置いている市区町村役場や公共施設などもあります。

　民間の団体、社会福祉法人などが自治体と連携してリユース事業を進めているケースも見られます。中古品譲渡の掲示板なども、無償または安価での学用品リユースに貢献しています。

　地域の情報は、社会福祉協議会で収集するといいでしょう。

就学援助制度の枠組み

概要

経済的理由により小・中学校への就学が困難な児童・生徒の保護者に対し、市区町村が学校で必要となる費用を援助する制度。

対象

＊横浜市の2023年度の例（認定基準は各市区町村の規定による）。

生活保護の受給者。

修学旅行実施学年または教育扶助未受給者のみ。

2022年4月以降生活保護を受けられなくなった人。

世帯変更による廃止を除く。

児童扶養手当の受給者。

児童手当、特別児童扶養手当とは異なるので注意。

その他、経済的に困窮する人。

2人世帯250万円、3人世帯303万円など所得基準額以下の場合（世帯の状況により控除あり）。

援助の費目・支給予定年額

＊横浜市立小・中学校に通学する場合。金額は2023年度の目安。費目は一部。国立、県立、私立の場合は、別に私立学校等就学奨励制度がある。

		入学準備費	学用品費等 ※	宿泊を伴う校外活動費	修学旅行費	クラブ活動費	学校給食費
小学生	1年	63,100円	16,680円	補助対象実費（3,690円限度）	補助対象実費（6年で1回）	補助対象実費（2,760円限度）	現物給付
	2〜5年	—	18,950円				
	6年	79,500円					
中学生	1年	79,500円（小学6年で未受給の場合）	30,200円	補助対象実費（6,210円限度）	補助対象実費（3年で1回／国外は60,910円限度）	30,150円	現物給付
	2年	—	32,470円			20,100円	
	3年					10,050円	

※学用品費等には、宿泊を伴わない校外活動費、通学用品費、PTA会費、生徒会費が含まれる。学年途中の市外からの転入など受給資格が1年未満の場合、減額支給となる。

出典：横浜市教育委員会「就学援助制度のお知らせ（令和5年度）」

2-10

高校の授業料無償化の情報を提供

国公立の高校なら実質無償

　保護者の経済的な負担を考えて進学に消極的な中学生、中退を考えている高校生には、授業料の支援に関する情報が役立ちます。

　柱となるのが、国の高等学校等就学支援金制度です。対象は困窮する家庭だけではないため、全国の約8割の生徒が利用しています。対象外となるのは、年収目安が約910万円以上の場合と、全日制で在学期間が通算36か月を超えている場合などです。国公立高校であれば、支給上限額は年額11万8,800円、授業料負担は実質0円になります。

　全日制の私立高校の場合は、年収目安が590万円未満なら年39万6,000円まで支給されます。授業料がそれ以下なら実質無償、超える場合は差額が自己負担となります。

　さらに、国の制度に上乗せする形で独自の支援金、補助金を設けている都道府県もあります。

教材費用などの支援もある

　保護者には高等学校等就学支援金制度の申請方法から説明しましょう。都道府県の審査を経て結果が通知され、翌年以降も毎年7月ごろに世帯の所得について確認されるので収入状況の届け出が必要です。

　注意したいのは、就学支援金を受け取るのが本人ではなく、学校設置者の都道府県や学校法人ということです。いったん授業料をおさめ、支給後に還付となる学校もあり、支払いが難しい場合は猶予措置などがあるか学校に確認しておく必要があります。

　ほかに、低所得世帯に対しては、授業料以外の教科書、教材などの費用を支援する国の高校生等奨学給付金、都道府県独自の経済的支援などもあります。入学金について独自の補助をしている都道府県もあります。

高等学校等就学支援金制度のポイント

全日制高校の場合の支給額

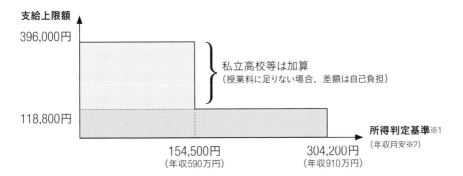

支給上限額

396,000円

118,800円

私立高校等は加算
（授業料に足りない場合、差額は自己負担）

154,500円
（年収590万円）

304,200円
（年収910万円）

所得判定基準※1
（年収目安※2）

※1 所得の算定式は「（市区町村民税の）課税標準額×6％−（市区町村税の）調整控除の額」。
※2 年収目安は、両親、高校生、中学生の4人家族で、両親の一方が働いている場合の目安。

就学支援金のしくみ

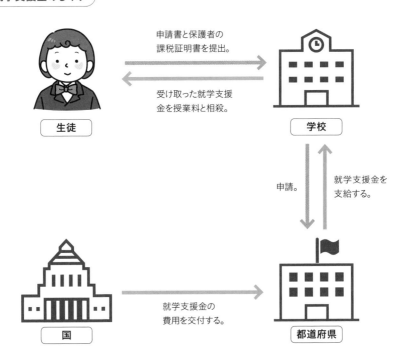

申請書と保護者の
課税証明書を提出。

受け取った就学支援
金を授業料と相殺。

生徒

学校

申請。

就学支援金を
支給する。

就学支援金の
費用を交付する。

国

都道府県

子ども自身が相談できる
電話、SNSの情報提供

匿名で相談でき、秘密は守る

　ネグレクトや困窮がうかがわれる子どもに声をかけても、すぐには話そうとしないことが多いでしょう。急を要しないと判断される場合など、子ども自身が利用できる相談先を紹介することも、ひとつの方法です。

　相談先を紙に書きだしておき、「不安なこと、つらいこと、何でも話せるよ」「悩みを相談できるよ」などと言って渡すことが考えられます。

　最近は、電話が得意でない子どもが増え、SNSやチャット、メールによる相談形態も広まっています。たとえば、こども家庭庁の「親子のための相談LINE」は、18歳未満の子どもと保護者が親子関係などを相談できる窓口です。ニックネームで利用でき、年齢や性別、連絡先などの入力も任意で、都道府県など自治体ごとに相談を受けています。

　信頼できる機関なら、匿名での相談にも対応し、秘密は守られます。名前を伝えた場合も、本人の同意なしに個人情報や相談内容を明かすことはありません。ただし、子どもの身体、命に危険があると判断された場合など、緊急時は児童相談所や警察などに連絡する場合があります。

状況と必要性に合った窓口を選ぶ

　虐待の重症度が軽度と見られる場合、問題解決を目的とせず、子どもの気持ちを聞くことを重視する相談先が合っているかもしれません。「チャイルドライン」はその代表例で、全国共通のフリーダイヤルがあり、チャットでの相談にも対応しています。

　一方、子どものSOSをとらえて解決に導く相談窓口が、法務省の「こどもの人権110番」です。最寄りの法務局につながり、法務局職員または人権擁護委員が対応し、被害を聞き取って必要に応じて調査、救済措置へと進みます。LINE、メールでの相談も受けつけています。

子どもが利用できる虐待、困窮などの相談窓口

親子のための相談LINE

18歳未満の子どもと保護者の親子関係、子育てに関する悩みに対応。相談内容を入力して送信、相談対応者とやりとりする。

（ 受 付 ）受付時間は都道府県により異なる。こども家庭庁HP「親子のための相談LINE」のQRコードからアクセス。

チャイルドライン

18歳までの子ども専用。特定非営利活動法人「チャイルドライン支援センター」が全国の電話・オンラインチャット実施団体と協働で行っている。子どもの気持ちを聴くことを重視し、一緒に考える。

（ 受 付 ）毎日16〜21時。全国共通フリーダイヤルがあり、チャイルドラインのサイトからオンラインチャットもできる。

こどもの人権110番

児童虐待、いじめ、体罰、不登校など子どもの人権問題に関する専用相談電話。最寄りの法務局につながり、法務局職員または人権擁護委員が対応する。被害を聞き取り、必要に応じて調査を行う。大人も利用可能。

（ 受 付 ）月曜〜金曜8時30分〜17時15分、フリーダイヤルは全国共通・無料。法務省HP「こどもの人権110番」からメール、QRコードからLINE。

こども相談室

東京公認心理師協会の子ども向け相談窓口。医療、教育、福祉などの分野で経験のある公認心理師、臨床心理士が対応する。内容により関係機関を案内。

（ 受 付 ）月・木曜を除く毎日10時〜12時、13時〜16時。

子どもの虐待ホットライン

認定NPO法人「児童虐待防止協会（APCA）」の児童虐待に関する相談窓口。相談員は福祉、心理、医療、保健、教育、保育などの専門的な知識と経験をもつ専門家。

（ 受 付 ）月曜〜金曜11時〜16時。

緊急時の相談・連絡先

児童相談所虐待対応ダイヤル「189」

全国共通の通話料無料の電話番号。近くの児童相談所につながる。

2-12

宗教虐待を受ける子どもへの
対応のポイント

厚生労働省の対応指針を参考にする

　宗教に起因する虐待が注目され、信者の保護者に育てられる「宗教2世」という言葉も広まりました。むち打ちなどの体罰、宗教活動の強要といった身体的虐待に加え、「地獄に落ちる」などと脅して自由な言動や意思決定を阻む心理的虐待も珍しくありません。保護者が多額の寄付を重ね、生活に困り、子どもの世話が十分ではないネグレクトもあります。

　親子の不自然な様子から宗教虐待を疑ったときは、厚生労働省の「宗教の信仰等に関係する児童虐待等への対応に関するQ&A」が参考になるでしょう。これは児童相談所、市区町村の対応指針で、事例（右図参照）や留意点などが挙げられています。

　保護者から教義を刷り込まれ、他人との接触も制限された子どもは、自らの状況に問題があるとは認識していない場合もあります。他者の介入を保護者や宗教団体が警戒し、過剰に反応する可能性もあります。子どもの安全確保を最優先に考え、児童相談所、市区町村に相談してください。

支援団体や本、自助グループなどの情報を提供

　支援団体や当事者の会などの存在を子どもに伝え、つらいときは話をしてみたらどうかと提案する方法もあります。一般社団法人「宗教2世支援センター陽だまり」などは、電話やLINEで相談に対応しています。

　宗教虐待に悩み苦しんできた人同士の情報共有サイト「宗教2世ホットライン」などもあります。掲載された経験談や情報に触れることで、仲間がいるとわかり、ひとつのきっかけになると考えられます。同様に、宗教2世を取り上げた本、漫画などを読むことも役立つでしょう。

　また、当事者による自助グループのミーティングもあります。地域に参加できそうな会があるかチェックし、情報提供するのもいいでしょう。

宗教虐待にあたる事例

身体的虐待
- 体罰を行い、宗教活動への参加を強制する。
- 宗教的行事でのむち打ち、平手打ちなど。
- 宗教活動で長時間、特定の動きや姿勢を強要する。

心理的虐待
- 激しい言葉で脅すなど恐怖を刷り込み、無視、嫌がらせなど拒否的態度を継続して宗教活動への参加を強制。
- 進路、就労先について本人の自由な決定を阻む。
- 友人、教員など交友のある人を「敵」「サタン」などと呼び、恐怖心を与える。
- 子どもの年齢相応の娯楽などを宗教を理由に一律に禁止する。

ネグレクト
- 寄付などで家庭生活に支障が生じ、適切な住環境、衣類、食事などが提供されていない。
- 本人が高校への就学、進学を望んでも教義を理由に認めない。
- 宗教の教えを理由として、子どもの受診を認めない、必要な医療行為を受けさせない。
- 奉仕活動や宣教活動への参加により、子どもの養育を著しく怠る。
- 性被害による妊娠で、本人が中絶を明確に希望しても親権者が教義を理由に同意しない。

性的虐待
- 教義を学ぶためなどと称して、性器や性交、性的な表現を含む資料、映像などを見せる。

参考：厚生労働省「宗教の信仰等に関係する児童虐待等への対応に関するQ&A」

宗教虐待の支援団体・相談窓口

一般社団法人「宗教2世支援センター陽ひだまり」

電話、LINE、X（旧ツイッター）の相談窓口があり、臨床心理士などの資格をもつ2世らが対応。学校の教員などからの宗教2世への対応の相談にも応じている。

「宗教2世ホットライン」

脱会に向けたアドバイス、情報提供、経験談の共有などができる情報共有サイト。当事者がボランティアとして記事を投稿し、悩んでいる当事者を応援している。

法テラス（日本司法支援センター）「霊感商法等対応ダイヤル」

霊感商法などの金銭トラブル、児童虐待、生活困窮、心の悩みなどの相談窓口情報を案内するフリーダイヤル。未成年、宗教2世・3世も対象。

日本語の能力が不足、学校になじめない、低学力、欠席しがち

学校に適応できず、低学力で欠席が多い原因が、日本語能力の不足にある場合もあります。海外にルーツがある子どもには、日本語で学校生活を送り、学習できるように、ひとりひとりに合わせた日本語指導が必要です。

Issue 3 で紹介する項目

日常会話ができても学習には十分でない

　海外にルーツをもつ人が増え、日本語の指導が必要な子どもが増えています。人手不足により1990年に出入国管理及び難民認定法が改正され、日系2世、3世が家族とともに定住して働けるようになり、他国で生まれた子どもが急増した経緯があります。

　日系人のほか、国際結婚で生まれた子ども、外国籍の親の就労や転勤、留学にともない渡ってきた子どもも多く、今後も増えると見込まれています。そのルーツは中国、韓国、ベトナム、フィリピン、ブラジル、ネパールなどさまざまで、日本語の能力にも大きな開きがあります。

　たとえば、入学、編入の前に親子面談をして、「子ども本人は会話ができる」と安心していると、授業についていけず、さまざまな問題が起きることもあります。日常会話と学習に必要な言語能力は違うこと、生まれ育った国と文化、宗教、生活習慣などが異なることを認識する必要があります。

　周囲で起きていることが理解できず、低評価に自尊感情が傷つき、言葉で表現できず暴れてしまうケースも珍しくありません。母語と母文化に配慮しながら、日本語指導と適応のサポートを考えます。

それぞれの状況に合わせた支援が必要

　日本では外国籍の子どもの就学義務はありませんが、本人と保護者が希望する場合、日本人と同様に授業料と教科書代は無料で公立の小・中学校に通うことができます。近年では、海外ルーツの子どもへの教育を推進する政策がとられていますが、地域により居住する人数や状況の違いが大きく、受け入れ体制、支援体制に大きな差があります。

　2014年には、日本語指導が必要な子どもの「特別の教育課程」が制度化されました。日本語の能力、適応状況などひとりひとりに合わせた教育課程の編成が可能になり、個々の計画にもとづいた日本語と各教科の指導が行われています。

　海外ルーツの子どもへの支援にあたっては、地域のNPO法人やボランティア、研究機関など外部人材を積極的に活用しましょう。日頃から連携し、信頼関係を築いておくようにすることが重要です。

3-1

親子面談、日本語の能力判定を行う

子どもの置かれた状況を正確に見極める

編入した子どもの様子から日本語指導などの支援が必要だと判断した場合、また海外ルーツの子どもの編入が決まった場合など、まず考えたいのが親子面談による状況確認です。

日本語をいつからどのように習得したのか、これまでの就学状況、学習経験、日本に住み続けて中学、高校への進学を希望するのかなど、きめ細かく丁寧に話を聞きましょう。宗教による禁忌、生活習慣の違いによる注意点など配慮すべき事柄についても確認が必要です。

編入の面談は校長が中心になって進めるものですが、学級担任、養護教諭、可能であれば日本語指導担当教員、日本語指導補助者なども同席するといいでしょう。その結果を受けて日本語能力だけでなく、学習全般、学校生活への適応に向けてどのような支援を行うかを話し合います。

日常会話はできても教科学習には不十分な子どもには、「DLA　外国人児童生徒のためのJSL対話型アセスメント」が活用できます（P71参照）。必要な支援のヒントが得られ、指導計画、教材の選択などに役立ちます。

親子面談でのチェックポイント

- ☑ 日本語はどのように学んでいるのか。
- ☑ 母国ではどんな学校に通っていたのか、どんな教科を学習していたのか。
- ☑ 日本には今後何年暮らす予定か、永住するのか。
- ☑ 高校への進学、将来の進路など、どのように考えているか。
- ☑ 保護者はどのような勤務をしているのか、連絡がとりやすい方法は何か。
- ☑ 宗教上の禁忌、文化、習慣などによる注意ポイント、食べ物のアレルギーなどはあるか。

日本の学校生活について伝える

　日本の学校がどんなところかを伝え、理解してもらうことも大切です。親子ともあまり日本語が話せない場合は、通訳を手配します。地域の母語支援ボランティア、近隣の大学などに協力を求める方法もあります。

　通訳の同席が難しい場合は、対訳集や学校生活をあらわす単語カードを準備したり、翻訳アプリを活用することも考えましょう。都道府県の教育委員会のホームページには、外国人の小・中学校への就学に関するガイドブックや支援のヒント、各国語による説明、わかりやすい日本語の解説などが掲載されている場合も多くあります。

　海外ルーツの子どもが多い市区町村では、小学校の入学前にガイダンスや相談会を開き、土曜日などを利用して学校生活の体験会、簡単な日常表現の日本語教室を開いているケースも見られます。

日本の公立小・中学校の特徴

就学期間	小学校は満6歳を過ぎた最初の4月に入学し、6年生まで。その後の中学校の3年生までが日本では義務教育（外国籍の子どもの場合、義務ではないが、希望すれば無償で受け入れる）。
授業料、教科書などの費用	授業料は無料、教科書は無償で配布される。給食費、および学校外活動費、教材費、PTA会費などの学年費などは毎月支払う。 ＊経済的理由で小・中学校への就学が難しいと市区町村の教育委員会に認められた場合、学用品の購入費、給食費の援助が受けられる。
教科	小学校は、国語、社会、算数、理科、生活、音楽、図画工作、家庭、体育の教科に加え、道徳、特別活動、総合的な学習の時間がある。 中学校は、国語、社会、数学、理科、音楽、美術、保健体育、技術・家庭、外国語（原則として英語）などの教科、道徳、特別活動、総合的な学習の時間がある。
PTA活動	保護者と先生によるPTAという会があり、協力し合って登下校時の安全指導などの活動を行っている。
その他	飲み物、おもちゃなどの持参、ピアスなどのアクセサリー、ヘアカラーなどは禁止。中学校は制服がある。子ども自らが教室などの掃除をする。個別懇談、家庭訪問がある。夏休みは約40日間、冬休みは約2週間で、いずれも宿題がある。
情報源	文部科学省HP「外国人児童生徒のための就学ガイドブック」には、英語、韓国・朝鮮語、ヴェトナム語、フィリピノ語、中国語、ポルトガル語、スペイン語、ウクライナ語の各言語別の就学案内が掲載されている。

宗教上の戒律などによる注意ポイント

同じ宗教でも、国や地域による違い、家庭による考え、解釈の違いがある。日本の学校生活について保護者の理解を得たうえで、丁寧に話し合う。

イスラム教

【食べ物】※

- 禁止／アルコール(みりん、料理酒を含む)、豚肉、肉や骨など豚由来の成分を含むブイヨン、エキス、ゼラチン、ラード、血液、戒律どおりの処理がされていない肉。
- 忌避／イカ、タコ、貝類、うなぎ、漬物などの発酵食品など。

【その他】

- 1日5回の礼拝を行うため、その時間と静かな場所(空き教室、保健室など)が必要。
- ヒジャブで髪を覆う女性が多い。
- 肌を露出しないよう長袖、長ズボンが基本。体操服、水泳の授業などに配慮が必要(肌を隠す専用の水着などもある)。
- ラマダンに日没まで断食する場合、給食時は別室で過ごすか、早退を認めるなど配慮する。
- 偶像崇拝禁止、他宗教との関係から楽器の演奏、歌を避ける場合もある。
- 修学旅行などで神社仏閣への参拝はしない。

ヒンズー教徒

【食べ物】※

- 禁止／牛肉(牛は神聖な動物)、肉、骨など牛由来の成分を含むブイヨン、ゼラチン、エキス。
- 忌避／豚肉(豚は不浄な動物)、肉、骨など豚由来の成分を含むブイヨン、ゼラチン、エキス、ラード、生もの。厳格な家庭では肉全般、魚介類全般(鰹節の出汁を含む)、卵、五葷(ニンニク、ニラ、ラッキョウ、タマネギ、アサツキ)など。

【その他】

- 左手は不浄な手とされるので、ものを渡すときなど左手を使わない。
- 頭は神聖なものとされるため、子どもの頭をなでない。
- 肌の露出、身体のラインが出る服装は避けるため、体操服、水泳の授業などに配慮が必要(肌を隠す専用の水着などもある)。

ユダヤ教徒

【食べ物】※

- 禁止／豚肉、肉や骨など豚由来の成分を含むブイヨン、エキス、ゼラチン、ラード、イカ、タコ、エビ、カニ、貝類、ウナギ、戒律どおりの処理がされていない肉。
- 肉と乳製品が胃の中で合わさる組み合わせは禁止(肉料理と牛乳、チーズバーガー、生クリームを使った牛肉の煮込みなど)。

【その他】

- 土曜日は安息日とされ、いっさいの労働が禁じられている。
- 肌の露出、身体のラインが出る服装は避けるため、体操服、水泳の授業などに配慮が必要(肌を隠す専用の水着などもある)。

※対応例は、「豚肉、牛肉など食べられないものを除去する」「原材料の情報を保護者に提供する」「調理器具を分ける必要がある厳格な家庭は弁当持参とする」など。

Topic

「DLA　外国人児童生徒のためのJSL対話型アセスメント」とは

　DLA とは、文部科学省の「学校教育において利用可能な日本語能力の測定方法の開発」事業を受託し、東京外国語大学が開発した外国人児童生徒の能力測定ツール。DLA は「Dialogic Language Assessment」の略で、一対一の対話を通して言語能力を測ります。

　ペーパーテストでは把握しきれない潜在的な言語能力を測定することで、的確な学習支援につなげます。文部科学省のホームページからダウンロードして利用することができます。

3-2

小・中学校での指導と支援の計画をたてる

「取り出し」と「入り込み」指導がある

　日常会話ができても学年相当の学習には不十分である場合、一般的には別教室などで「取り出し」指導が行われます。その際は、「特別の教育課程」を編成して教育委員会に提出し、日本語指導の支援者の派遣を依頼します。海外ルーツの子どもが少ない地域では、支援者が複数の学校を巡回するか、別の学校に置かれた国際教室や日本語指導教室に子どもが通います。

　ただし、地域などにより大きな違いがあり、在籍する学級を日本語指導者が訪れる「入り込み」指導も行われます。この場合は、「特別の教育課程」はつくらず、通常の教育課程による指導となります。

　日本語指導は、挨拶や体調の表現、教科名や身のまわりのものの名称などを学ぶサバイバル日本語から始まり、発音や文字、文型などの基礎を学び、学校生活に適応して学習に取り組めるように基礎力をつけます。

　在籍学級での学習への橋渡しとして、文部科学省は日本語学習と教科の学習を組み合わせた「学校教育におけるJSL（Japanese as a Second Language）カリキュラム」を開発しています。小学校編、中学校編があり、同省のホームページからダウンロードできます。

個別の指導計画を作成する

　日本語の指導にあたっては、学校内でも個別の指導計画を作成し、状況の把握、学習評価、計画の見直しに役立てます。日本語指導担当教員が学級担任、教科担当などと連携して計画をたて、本人に関する記録と指導に関する記録をつくります。指導内容については、どこで何をどんな頻度で行うかなど保護者と本人に具体的に説明し、理解を得ることが大切です。

　日本語指導の教材、多言語対応の教材は、文部科学省の情報検索サイト「かすたねっと」に掲載されているので探してみましょう。

特別の教育課程のポイント

対象	日本語指導が必要な小・中学生。
指導者	日本語指導担当教員（教員免許を有する教員）、および指導補助者。
授業時間	年間10単位時間～280単位時間を標準とする。
形態と場所	在籍する学校での「取り出し」指導が原則。
指導計画と学習評価	計画および実績は学校設置者に提出する。

参考：文部科学省「義務教育諸学校における日本語指導の新たな体制整備について」

日本語指導の教材の入手先

文部科学省 HP「かすたねっと」
帰国児童生徒、外国人児童生徒を多数受け入れてきた教育委員会などが作成、公開している教材などを検索、ダウンロードできる。

国際交流基金 HP「エリンが挑戦！にほんごできます。」
NHK 教育テレビ、NHK ワールドで放送された番組。関連教材をダウンロードでき、日本の学校生活、日常生活などを紹介する動画もある。

NHK ワールド JAPAN の HP「Learn Japanese」
日本語、日本文化を学ぶアニメなどの動画がある。日本語を教える先生向けの情報などもある。

Topic

横浜市の日本語支援拠点ひまわり

　来日したばかりで日本語指導が必要な小・中学生を対象に、「プレクラス」を実施している神奈川県横浜市の日本語支援拠点施設ひまわり。4週間にわたり週3日は集中的な初期日本語指導を受け、週2日は学校生活への適応指導が行われます。本人と保護者への学校ガイダンスも実施しています。

　ひまわりは2017年に誕生以降、現在は市内3か所に増えました。そのノウハウを詰め込んだ独自教材「ひまわり練習帳」の発行も行っています。

3-3

本人の居場所をつくり、母文化に配慮する

人間関係を築くサポートをする

　日本語指導を担当する教員などは、日本語と教科の学習指導にとどまらず、子どもの居場所ができるように支援する役割もあります。まわりの状況が十分に理解できず、不安を抱えている本人に代わり、ほかの子どもたちや周囲の人々と関係を築くサポートをしてください。

　子どもが通う日本語教室や国際教室のほか、保健室や事務室なども利用して、安心して息をつける場をつくりましょう。そうした環境がない場合、緊張や恐怖が反抗的な態度や問題行動につながるおそれがあります。

　もちろん、在籍学級の担任もあたたかく迎える雰囲気をつくり、ほかの子どもたちとの関係に配慮する必要があります。学校生活への適応の程度によって人間関係、態度などが変わることに留意しましょう。

母語、母文化も大切に相互理解を深める

　子どもの母文化の理解に努め、級友たちと互いの違い、個性を認め合えるよう指導することも大切です。日本に永住する場合でも、日本語の学力をつけて将来につなげるとともに、母文化に誇りをもって生きていけるように学校、保護者、地域社会が認識を深めていきたいものです。

　言語については、日本語であれ母語であれ核となるものがあって初めて、自己表現や抽象的な思考が可能になります。とくに小さいころに来日すると、ほどなくして日常会話はできるようになり、あまり日本語ができない保護者とのコミュニケーションが困難になりがちです。

　子どもの文化的アイデンティティを健やかに育むには、周囲が肯定的に受け入れる姿勢が欠かせません。保護者の協力を得ながら、本人が母国を紹介する機会を設けるなど、多文化共生の取り組みを進めましょう。

海外ルーツの子どもの適応状況（時期）と配慮のポイント

ステージ1 自己表現が難しく、不安と期待が入り混じっている時期

- 情緒的、身体的に不安定な面もあり、担任は保護者と話し合い、信頼関係を築くこと。
- 級友たちが注目し、面倒を見るなど盛んに働きかけるので、笑顔でゆっくり丁寧に話しかけるといった指導を行う。

ステージ2 学級での居場所を見つけようとする時期

- 授業にはついていけなくとも、級友との日常会話はできるようになり、休み時間などに一緒に行動するようになる。
- 担任は本人の個性を把握し、その子に合う活動、遊びに誘導、友人関係の形成を支援するなどして居場所をつくる。

ステージ3 学級としての調和が求められ、とまどうときもある時期

- 日本語がある程度理解できるようになり、授業などで積極的に発言、発表したりするようになる（個性、母文化による違いあり）。
- 級友らが異質に感じ、同調を求めることもある。担任は本人に指導する際は丁寧に説明し、広い視野をもって学級に多文化共生、多様性の受容などを指導する。

ステージ4 学級みんなで相互理解をしつつ学級の一員として活動できる時期

- 級友たちと互いの良さを認め合い、学級の国際化が進み、それを実感できる時期。
- ただし、学級で孤立し、学校内外で同じ国の出身者、同じ言語の子どもたちの集団に居場所を求める場合もある。学校全体で国際化に取り組んでいれば、学級を越えた活動から、やがて学級に居場所を見つけられる場合もある。

出典：文部科学省「外国人児童生徒受入れの手引　改訂版」

対応のヒント

主役となる場をつくる

　母国の文化、生活習慣を級友や保護者の前で発表するなど、主役になれる場をつくることは本人にとって大きな意味をもちます。学級の国際化、学校や地域の多文化共生にも貢献するでしょう。自治体が給食にさまざまな国の料理を取り入れる動きもあります。その国出身の子どもに説明をまかせ、級友の質問を受けるようにするのもいいでしょう。

3-4

保護者とのコミュニケーションを工夫する

動画などで学校生活について理解を得る

　海外ルーツの子どもへの支援では、保護者とどれだけコミュニケーションをとれるかが大きな鍵となります。保護者は自身が母国で経験した学校教育を基準に考えており、それが日本の学校制度、学校生活、習慣とは大きく異なることに気づいていないことが多いためです。

　はじめは日本語指導の支援者などに通訳を依頼し、動画なども活用しながら、十分に理解が得られるまで話をしましょう。文部科学省のホームページでは、海外ルーツの子どもと保護者向けの動画「はじめまして！今日からともだち」「おしえて！日本の小学校」を見ることができます。学校生活の様子や行事、習慣、持ち物などを複数の言語で紹介しています。

　信頼関係ができるように、夏休みなどに面談の機会をつくるのもいいでしょう。保護者、学級担任、学年主任、校長、日本語指導担当教員、支援者などが集まり、疑問に答え、相談にのるようにします。

多言語の学校文書の様式も活用できる

　保護者向けの文書を渡す際は、できる限り漢字にルビを振りましょう。とくに重要なお知らせには、母語で「重要」をあらわす単語を調べておいて赤字で書き込んだり、メモをつけたりする工夫が有効です。

　文部科学省ホームページの「かすたねっと」では、多言語の学校文書を検索できます。受け入れ実績が豊富な都道府県、市区町村で作成されたお知らせの様式を活用できるシステムです。

　また、連絡のたびに通訳を手配するのは難しいので、保護者の親戚、友人など日本語ですぐにコンタクトのとれる人を決めておくと安心です。

　保護者が参加する活動の際は、通訳を手配して参加を促し、ほかの保護者とのつながりができるように配慮するといいでしょう。

翻訳が必要なおもな学校文書

分類	内容
学校行事関係	運動会、持久走、水泳の授業開始のお知らせ 授業参観とPTA総会について、授業参観と懇談会について 個人懇談について 修学旅行のための緊急連絡先、修学旅行のための保健調査票 入学説明会のお知らせ
日常生活関係	学用品について 家庭訪問予定調査票、家庭訪問のお知らせ 児童調査票、生徒指導票 欠席遅刻届 長期休暇を迎えるにあたって 暴風警報時の登校について
学習関係	音読カード
保健関係	学校伝染病の診断書および証明書 結核健康診断書問診調査票2種類 健康診断結果のお知らせ(眼科、歯科、内科、皮膚科、視力検査) 災害共済手続きについて(振込先) 就学時健康診断通知および健康診断票 就学時健康診断未受診の人へのすすめ 水泳指導前のお願い 尿検査のお知らせ(保護者宛) 予防接種のお知らせ(市民病院用) 各種証明書(在学証明書、卒業証明書、修了証明書、成績証明書)

参考:文部科学省「外国人児童生徒受入れの手引 改訂版」

対応のヒント

名前には配慮を

　世界にはさまざまな国、文化があり、名前ひとつをとっても、姓と名のふたつからなるとは限りません。姓と名の欄に分かれた書類が多いので、どう表記するか、はじめに念入りに確認しましょう。カタカナ表記も「違う名前にされた」と、あとでトラブルにならないよう原音に近づける工夫が重要です。

3-5

学校全体、地域全体で
受け入れ体制を整える

各種の研修を活用する

　海外ルーツの子どもへの支援は、学校全体、地域全体で連携して進めていくことが大切です。子どもたちと教員、保護者、近隣の住民まで広げて、受け入れ体制をつくりあげましょう。異なる文化との相互理解を深め、人権を尊重する多文化共生への理解啓発に努めることが求められます。

　日本語指導担当教員は、市区町村から派遣された支援者のほか学級担任などが兼任する場合もあります。経験が浅い場合は、指導計画の作成から指導方法まで研修を受けることが望ましいでしょう。

　学級担任、教科担任、管理職も同様です。海外ルーツの子どもを初めて迎えるとき、数が増えてきたときなど、研修を受けると役立ちます。都道府県教育委員会による研修のほか、独立行政法人教職員支援機構の「外国人児童生徒等への日本語指導指導者養成研修」などもあります。文部科学省の事業により開発された「外国人児童生徒等教育を担う教員の養成・研修モデルプログラム」が広く利用されています。

対応のヒント

夜間中学が海外ルーツの人々の受け皿に

　もともと夜間中学（中学校夜間学級）は、戦後の混乱期に義務教育を修了できなかった人々に学びの機会を提供するために設置されました。時代の変遷とともに減少しましたが、近年は海外ルーツの人々を幅広く受け入れ、大きく様変わりしました。日本国籍を有しない人が3分の2を占め、年齢は10代後半から中高年まで、目的も日本語学習、高校進学、中学校程度の学力習得などさまざま。文部科学省は各都道府県、指定都市での少なくとも1校の設置と日本語指導の充実などに取り組んでいます。

外部とのパイプづくりで人材確保

外部の支援も得られるように工夫しましょう。近隣の大学、国際交流協会、NPO、外国人が多い企業などと日頃からパイプをつくっておくと、人材の派遣や紹介が必要なときに頼りになります。

海外ルーツの住民が多い地域では、子どもが安心して学び、暮らせる環境を整えようと、さまざまな取り組みが進められています。ボランティアなどが活動し、放課後や休日に子どもの居場所をつくったり、日本語学習を支援したりしている団体などもあります。

自治体についても、定住を望む海外ルーツの住民が増えたことで、多様性と人権重視を掲げ、受け入れ体制を確立しようと努めるところも出てきています。役所の窓口での多言語での対応も見られますが、地域による差が大きいことも事実です。

外国人児童生徒等教育を担う教員の養成・研修モデルプログラムの特徴

- 文部科学省の委託事業で開発されたプログラム。
- 事業を受託した公益社団法人日本語教育学会の運営する「ニットノットネット（KNiT knot-net）」で50のモデルプログラムを検索できる。
- 養成・研修の事例、音声つきスライドショーなども見られる。

Topic

カタリバの「外国ルーツの高校生支援プロジェクト」

十代の居場所と出番をつくる活動に全国で取り組んでいる認定NPO法人カタリバ。「外国ルーツの高校生支援プロジェクト」では、孤立しがちな生徒たちが学校にとどまり、希望する進路へ進めるように2019年からさまざまな支援を行っています。放課後に学習サポート、暮らしの相談などを行うオンラインの居場所を設けたり、外国籍の生徒が多い都立の定時制3校と連携して多文化共生プログラムを提供するなど、言葉の壁の克服にとどまらない多角的な活動を行っています。

3-6

中学卒業後の進学について
支援する

高卒資格の重要性について理解を得る

　海外ルーツの子どもの将来を決定づける関門が、高校進学です。日本語の能力、それにともなう学力に加え、学校制度についての基礎知識や情報量の欠如、家庭の状況などによる困難を考える必要があります。

　保護者には小学校高学年か中学入学すぐから、高校について説明を始めましょう。受験があること、公立と私立の違い、費用などの情報を提供し、子どもの成績と評価、受験への影響について理解を得ます。

　中卒で働くことを希望する場合は、職種と就職先が限られ、給与水準、待遇の格差が大きい現状を説明しましょう。在留資格が「家族滞在」で、日本で働いて長く暮らしていくなら高卒資格が必要です（右図参照）。

　高校は全日制の普通科に限らず、定時制、通信制、また専門学科などもあります。働きながら定時制、通信制の高校に通い、高卒資格をとる選択肢もあります。日本語力の問題から定時制に通うケースも多々あります。

　教育委員会、NPOなどによる進学ガイダンスが行われているので、親子での参加を提案してください。海外ルーツの親子向けには、同じ出身国の先輩の体験談を聞く機会なども設けられています。

情報源・相談窓口

在留資格

「外国人在留支援センター（FRESC）」などの専門機関、行政書士、弁護士など。

高校での日本語指導・学習支援

東京学芸大学の文部科学省委託「高等学校における日本語指導体制整備事業」ホームページで、「高等学校における外国人生徒等の受入の手引」「高等学校の日本語指導・学習支援のためのガイドライン」を公開、事例を紹介。日本語指導・体制整備の研修も実施。

入試の配慮と高校での日本語指導

　公立高校の入試については、都道府県によって外国人生徒、帰国生徒の特別定員枠が設けられている場合もあります。狭き門であり、対象を来日3年未満などと限定する自治体が多く見られます。試験教科の軽減、出題文のルビ振り、辞書の持ち込み、試験時間の延長といった配慮をしている自治体もあります。

　高校の日本語指導にも変化が見られます。海外ルーツの生徒の増加を受け、2023年度から高校でも「特別の教育課程」が制度化されました。それぞれに合う個別の指導が可能になり、国際教室の設置例も見られます。

　海外ルーツの生徒は高校を中途退学する割合が非常に高く、卒業しても大学、専修学校などへの進学率が低いのが現状です。不安定な非正規雇用につく人が多く、進学も就職もしていない人も珍しくありません。

　小・中学校のころから進路に関する情報提供に力を入れ、高校進学とその先の進路までを見据えたサポートが求められています。

在留資格と高校卒業の重要性

在留資格	ポイント
家族滞在	• 大人になって日本で就職し、長く暮らす予定であれば、「定住者」または「特定活動」への変更を見込んでおく。 • 「家族滞在」のままで働けるのは週28時間まで（出入国在留管理庁に申請し、資格外活動許可を受ける）。フルタイムの就職はできない。 • 大学で奨学金の対象になるためには「留学ビザ」などに切り替える。
定住者	• 入国時に18歳未満で、「家族滞在」の在留資格で在留している人。 • 日本の義務教育を修了し、高校（定時制、通信制などを含む）を卒業、就職先が決定または内定している人が対象。
特定活動	• 入国時に18歳未満で、「家族滞在」の在留資格で在留している人。 • 高校を卒業し、就職先が決定または内定している人が対象。 • 高校に編入した場合は、卒業に加え日本語能力試験N2などの取得が必要。 • 扶養者が身元保証人として在留している必要がある。

参考：出入国在留管理庁「『家族滞在』の在留資格をもって在留し、本邦で高等学校卒業後に本邦での就労を希望する方へ」

子どもが示すサイン

遅刻、早退、欠席が多い、元気がない、家族の世話や家事をする姿を見かける

遅刻、早退、欠席が多く、疲れた様子の子どもには、何か事情があります。弟妹の送り迎えや家族の介助、家事をする姿を見かけたり、部活動や行事にも参加しない場合などヤングケアラーの可能性があります。

過度の負担は将来に大きな影響を及ぼす

　近年になり注目され、想像を超える多さから対策が急がれているのがヤングケアラーです。一般に、本来なら大人が担う家事、家族の世話などを日常的に行っている18歳未満の子どもをあらわします。その負担や責任の重さから心身の健康、学業、進学などに支障をきたし、同世代と関わる機会をもてず社会性が発達しにくいなど一生涯に影響を及ぼします。

　中高生では平均して平日の4時間程度をケアにあてているとする調査もあります。家庭内のデリケートな問題だけに表に出にくく、本人も家族もヤングケアラーと認識していないことが多いという特徴もあります。

　子どもが家族のケアを行うことは時代や文化により当然とも受け止められてきましたが、本人の権利が大きく侵害されていないか改めて考えてみる必要があります。子どもには教育を受けて自由に遊び、健やかに成長する権利があります。

子どもだけでなく家族全体と連携して支援

　ヤングケアラーが増えた背景には、核家族、ひとり親の増加、少子高齢化、貧困、親戚や地域とのつながりの希薄化など、さまざまな要因がからみあっています。大人が家庭で過ごし、家族のケアにかける時間や余裕が減り、小さな弟妹の世話や家事、祖父祖母の介護などを代わりに子どもが担っている状況があります。病気や障害のある家族を子どもがケアしている例も多くあります。

　ヤングケアラーを支援するには、第一に周囲の大人が実情を正確に受け止め、早期発見に努めることが重要です。子どもだけでなく家族全体を適切なサポートにつなぐために、学校、福祉、介護、医療など各分野の関係機関が連携して対応する必要があります。

　なかには、祖父や祖母が介護サービスを利用する家庭で、ヤングケアラーが介護の担い手と見なされたうえでサービスの調整がされているケースなどもあり、問題視されています。福祉サービス、子育てサービスなどの制度を知らず、利用していない家庭も多くあります。

4-1

子どもの発するサインから
早期発見、支援につなぐ

信頼関係を築いて相談にのる

　支援が必要な子どもに早く気づくには、サインを知っておく必要があります。可能性を疑ったら、本人に声をかけて話を聞きましょう。覚えておきたいのは、ヤングケアラーは自分の家庭が普通で、問題があると思っていないことも多いことです。家族を優先し、自分のことは後回しにして、つらくても我慢する習慣がついています。家族の病気や障害などを知られないようにしている場合も多く、同情や憐みを嫌がる傾向があります。

　大人を信用していない場合も多いので、はじめは事情を探ろうとしても避けられるかもしれません。本人が心を開いて話してくれるまで、気にかけて見守っている姿勢を示し続けることです。折を見て、さまざまな支援があって利用すると自由な時間ができ、勉強して進学の選択肢が広がることなど、将来への不安がやわらぐ話をするといいでしょう。

土足で踏み込むのではなく寄り添う

　家族の思いへの配慮も大切です。「子どもがケアをすべきではないし、させる親も悪い」というアプローチでは、本人は自身も親も否定されたと受け止め、拒絶するかもしれません。保護者も申し訳なく思いつつ、頼らざるをえないこともあります。本人がケアラーの役割に自身の価値を見出している可能性も考え、一家に寄り添いながら支援につないでいきます。

　早期発見の機会が多いのは、子どもと日々接する学校です。学級担任、養護教諭などが気になる子どもに声をかけ、保護者との面談でもさりげなく質問をして、悩みがあれば聞くと伝え、相談窓口になりましょう。スクールカウンセラー、スクールソーシャルワーカーにつなぎ、チームで対応することも重要です。相談、支援など適切なサービスにつなぐ専門職ヤングケアラー・コーディネーターの配置も進められています。

ヤングケアラーに気づくきっかけ例

【場所】
学校、保育所など
【きっかけ】
- 健康上の問題がなさそうなのに欠席が多い。
- 遅刻や早退が多い。
- 保健室で過ごしていることが多い。
- 提出物が遅れがち。
- 持ち物がそろわないことが増えた。
- 優等生でいつも頑張っている。
- 子ども同士より大人と話が合う。
- 周囲の人に気を遣いすぎる。
- 服装が乱れている。
- 家庭訪問、生活ノートなどでケアの様子がうかがわれる。
- 保護者が授業参観や保護者面談に来ない。
- 幼い弟妹の送迎をしていることがある。

【場所】
勤務先など
【きっかけ】
- 生活のため、家庭の事情により就職またはアルバイトをしている。

【場所】
病院、診療所、自宅など
【きっかけ】
- 平日、学校がある時間に家族のつき添いをする姿を見かける。
- 来院時に本人の身なりが整っていない、虫歯が多い。
- 往診時などに家族の介護・介助をする姿を見かける。

【場所】
高齢福祉事業所、
地域包括支援センター、
障害福祉サービス事業所、
基幹相談支援センター・
相談支援事業所、自宅など
【きっかけ】
- 家族の介護・介助をしている姿を見かける。
- 日常の家事をしている姿を見かける。

【場所】
地域
【きっかけ】
- 学校がある時間に、それ以外の場所で見かける。
- 毎日のようにスーパーで買い物をしている。
- 毎日のように洗濯物を干している。
- 通常、大人が参加する自治会の集まりなどに子どもだけが出る。
- 子ども食堂での様子に気になる点がある。

【場所】
その他
【きっかけ】
- ゴミ問題が発生している。
- 家賃が払えず自宅から退去する。
- 教育支援センターで子どもから家族のケアについての相談があった。
- 児童家庭支援センターなどに家族のケアをする子どもの相談があった。

参考：厚生労働省「多機関・多職種連携によるヤングケアラー支援マニュアル」

4-2

関係機関と連携し、
家族全体の支援を考える

関わりのある機関は多岐にわたる

　ヤングケアラーの支援には、家族全体の課題への対応が必要です。本人は病気や仕事で不在の保護者に代わりケアを担っているため、本人だけを外に連れ出して助けようとしても根本的な解決にはなりません。介護、障害、精神疾患、貧困をはじめ関係機関と連携して支援してください。家族への支援については3章で見ていきます。

　ほかの機関との連携が必要かわからない段階でも、連絡をとっておくといいでしょう。ヤングケアラーと家族を取り巻く関係機関は多岐にわたります（右図参照）。地域によっては、虐待と同様に要保護児童対策地域協議会が設置され、支援を検討する場として活用されている場合もあります。

　市区町村のヤングケアラー対応部署は、専門窓口がある場合と児童福祉担当部署が扱う場合などさまざまです。いずれにせよ誰が中心になってサポート体制を築き、各自がどんな役割を果たすか決めておくことです。

具体的に状況を聞き取る

　家族全体の課題解決は容易にはいきません。初期介入する際の注意点（P88参照）を頭に入れ、長く伴走するつもりで関わっていきます。

　適切なサポートにつなげるには、家族の状況を具体的に聞き取る必要があります。本人と家族の気持ちを繰り返し確かめながら、自尊心を傷つけないように気をつけて質問してください。同じことを何度も話さないですむと説明し、関係機関と情報共有する許可をとるといいでしょう。心配させないよう、関係機関以外に個人情報が洩れないことも伝えます。

　ヤングケアラーの支援方法については、厚生労働省の「多機関・多職種連携によるヤングケアラー支援マニュアル」が参考になります。都道府県によっては地域の実情を反映させたより実践的なマニュアルもあります。

ヤングケアラーとその家族を支える関係機関

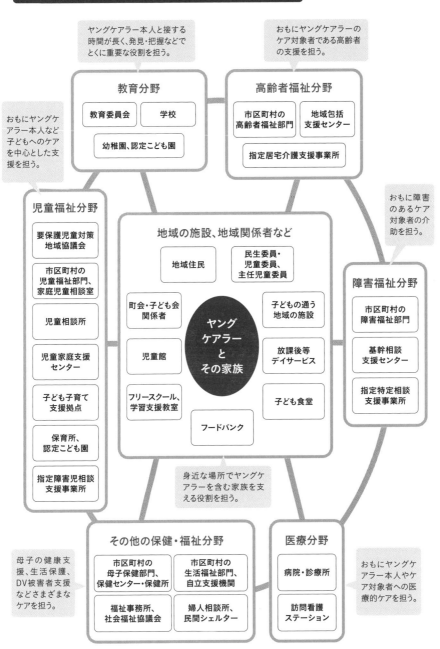

ヤングケアラー本人と接する時間が長く、発見・把握などでとくに重要な役割を担う。

おもにヤングケアラーのケア対象者である高齢者の支援を担う。

教育分野
- 教育委員会
- 学校
- 幼稚園、認定こども園

高齢者福祉分野
- 市区町村の高齢者福祉部門
- 地域包括支援センター
- 指定居宅介護支援事業所

おもにヤングケアラー本人など子どもへのケアを中心とした支援を担う。

児童福祉分野
- 要保護児童対策地域協議会
- 市区町村の児童福祉部門、家庭児童相談室
- 児童相談所
- 児童家庭支援センター
- 子ども子育て支援拠点
- 保育所、認定こども園
- 指定障害児相談支援事業所

地域の施設、地域関係者など
- 地域住民
- 民生委員・児童委員、主任児童委員
- 町会・子ども会関係者
- 児童館
- フリースクール、学習支援教室
- 子どもの通う地域の施設
- 放課後等デイサービス
- 子ども食堂
- フードバンク

ヤングケアラーとその家族

おもに障害のあるケア対象者の介助を担う。

障害福祉分野
- 市区町村の障害福祉部門
- 基幹相談支援センター
- 指定特定相談支援事業所

身近な場所でヤングケアラーを含む家族を支える役割を担う。

その他の保健・福祉分野
- 市区町村の母子保健部門、保健センター・保健所
- 市区町村の生活福祉部門、自立支援機関
- 福祉事務所、社会福祉協議会
- 婦人相談所、民間シェルター

医療分野
- 病院・診療所
- 訪問看護ステーション

母子の健康支援、生活保護、DV被害者支援などさまざまなケアを担う。

おもにヤングケアラー本人やケア対象者への医療的ケアを担う。

出典：厚生労働省「多機関・多職種連携によるヤングケアラー支援マニュアル」

初期介入時の注意ポイントQ&A

Q 誰が話を聞くか？

A ・日ごろから接していて、本人が話しやすい学校の先生など。
・ヤングケアラーであると把握した機関の担当者。

Q アセスメントの内容は？

A ・本人と家族などによるケア内容と時間。必要なケアの全体像とそのなかで本人が担う部分を整理。
・本人の生活状況。平日と休日のおおまかなスケジュール。
・本人の身体的、精神的な健康状態。
・子どもの権利が守られているか(教育を受ける権利、休み、遊ぶ権利など)。
・上記の内容などを踏まえ、支援の必要性を検討。

Q 家族全体の支援が必要？

A ・ケアの内容はさまざま。本人の支援によりケアの負担自体が軽くなるわけではない。

Q 伴走する支援とは？

A ・本人や家族から家の状況を詳しく聞き取ることは、過度な負担となりえると心得て、彼らの意思を尊重し、関係性の維持に努める。
・話したがらない場合も、寄り添い続けるうちに話が聞ける場合がある。
・単にサービス提供へつなぐのではなく、寄り添い、長期的に関わる。

Q プライバシーへの配慮は？

A ・家の状況を周囲に知られたくない場合が少なくない。学校などでも第三者にわからないようにプライバシーに十分に配慮する。
・原則として、本人から聞いた話、相談内容は、本人の意思を確かめないまま家族に伝えない。支援者と本人、本人と家族の関係に影響を及ぼす。

Q 関係機関との個人情報の共有の方法は？

A ・家庭の状況について、ほかの関係機関、専門職と情報共有を行うと本人、家族の同意を得る。
・子どもにも意思決定権があり、同意をとることが重要。
・本人の同意を得てから保護者の同意を得ることが望ましい(子どもの同意が得られない場合は、緊急性などから総合的に判断して対応を検討)。
・課題解決の中心は、支援者ではなく本人と家族。本人の望み、気持ちに寄り添うところから、ヤングケアラーであるとの自覚、課題の認識へといたるように支えていく。

参考：厚生労働省「多機関・多職種連携によるヤングケアラー支援マニュアル」

多機関でのヤングケアラー支援検討に必要な情報

情報の種類	情報の具体例
本人に関する情報	・担っているケアの内容、時間数、時間帯。 ・平日と休日のおおまかなスケジュール。 ・教育面に関する状況(通学状況、学習時間、進路相談状況など)。 ・社会的活動の状況(遊び、部活動など)。 ・身体的健康状態、精神的健康状態。 ・いまの状況についての認識。 ・やりたいと思っているができていないこと、困っていること。 ・これまでの相談状況。 ・支援を受けることの意向。
ケアを必要とする家族に関する情報	・必要なケアの内容。 ・疾患や障害などの状況。 ・受けている支援の内容、時間。 ・支援機関。 ・支援を受けることの意向。
その他の家族に関する情報	・担っているケアの内容。 ・支援を受けることの意向。

出典：厚生労働省「多機関・多職種連携によるヤングケアラー支援マニュアル」

対応のヒント

支援を拒まれた場合の対応

　支援者が相談にのろうとしても、本人と家族の腰が引けていたり、明らかに嫌そうだったり、はっきりと断られたりした場合は、少し距離をおきながら見守り続けましょう。本人または家族が必要としたときにサポートができるように、関係機関と連携して支援体制を築いておければ安心です。

　本人にはいつでも相談するように声をかけ、異変や状況の変化がないか様子を見ていましょう。進路について話をしようというアプローチも有効です。保護者の余裕がなくて相談できず、進学をあきらめているケースも多いので、希望がもてる話ができるように用意しておきましょう。

家以外の居場所を探し、本人をサポートする

ヤングケアラー同士の交流を勧める

ヤングケアラー本人へのサポートの代表例は、子どもらしく過ごせる居場所づくりです。家族のケアの負担を福祉サービス、介護サービスなどで軽減し、自由な時間をつくって自宅以外の居場所で遊んだり、勉強したりできるようにするということです。児童館（P54、55参照）や無料の学習塾（P56、57参照）、子ども食堂（P52、53参照）などの利用が考えられます。

家庭での養育が難しい状況では、子育て短期支援事業のショートステイ、トワイライトステイ（ともにP214、215参照）の利用も検討します。一定の期間、または夜間のみ家を離れ、児童養護施設などで過ごすものです。

ヤングケアラー同士の交流、経験者のアドバイスなども、大きな支えとなります。市区町村の担当部署などで地域の支援団体の情報を集めておき、本人に渡すといいでしょう。参加しやすいオンラインサロンから始める方法もあります。家族のこと、友人、学校の話、進路についてなど幅広く語り合い、安心できる居場所ともなっています（右図参照）。

見守り体制と相談窓口を明確にしておく

「いつも見守っている。困ったときは相談してほしい」と折に触れ伝えることも重要です。学校の教員や養護教諭のほか、家族が利用する介護事業所、障害福祉サービス事業所、病院の医師やスタッフなど、関わりのある大人にいつでも相談できると伝えてください。過度な負担により本人の心身のケアが必要な場合は、カウンセリングや医療サービスへつなぎます。

本人が消極的な場合、こども家庭庁の「こどもがこどもでいられる街に。」、日本財団の「ヤングケアラーと家族を支えるプログラム」などのサイトを見てみるように提案するのもいいでしょう。関連情報に触れるうちにヤングケアラーという自覚が強くなり、気持ちが変わる可能性があります。

ヤングケアラーのオンラインサロン

一般社団法人ヤングケアラー協会「Yancle community」

ヤングケアラーの支援、啓発、情報提供などを行う協会。「Yancle community」はおもに40歳以下が集まり、チャットを使って交流する。社会福祉士、看護師、キャリアカウンセラーなどの元ヤングケアラーも参加。定期的な Zoom 会、イベント、就職相談、研修なども行っている。

一般社団法人ケアラーアクションネットワーク協会「ほっと一息タイム」

家族のケアをしている人を対象にピアサポート、教材制作・人材育成、啓発事業などを行う協会。中高生対象の「ほっと一息タイム」は、月に一度、テーマを決めて話し合う Zoom 会。ほかに、対面の交流会、野外活動のほか、学校関係者や支援者向けの研修などもある。

子ども・若者ケアラーの声を届けようプロジェクト
（Young Carers Action Research Project：YCARP）

子ども・若者ケアラーへの支援について当事者側から提案・発信していくプロジェクト。月1回のオンラインミーティングでは、子ども・若者世代の当事者と支援者に分かれて話し合う。ほかに対面交流会、キャンプ、専門職養成講座なども行っている。

一般社団法人ヤングケアラーサロンネットワーク「あんぷどるぽ」

会のメンバーは全員が子ども・若者支援に関わる専門職。「あんぷどるぽ」は高校生のケアラーを対象とした当事者交流サロン。交流、相談、情報収集などができる。会では支援者向けの講演、勉強会なども行い、家族、友人、学校、支援機関などからの相談にも対応。

対応のヒント

家庭科の授業を活用する方法

　保護者の病気などで家事全般が十分に行われていない場合、いくら子どもが頑張ろうとしても当然ながらスキルが足りません。

　そうした場合に、学校の家庭科の授業を活用する事例などもあります。たとえば、食事の用意ができない状況ならば、ご飯の炊き方と簡単なメニューの調理実習を行い、子どもがひとりでできるようにします。衣服がいつも汚れているなら、洗濯のしかたを教えることが考えられます。

子どもが示すサイン

思春期の気分の落ち込み、居眠り、トラブル、自傷行為、極度のやせ

子どもの様子が変わり、気分の落ち込みや居眠り、意欲低下、怒りによるトラブルや欠席が増えた場合、うつ病などの心の病気、心の不調の可能性もあります。自傷行為、摂食障害、依存症も増えています。

Issue⑤ で紹介する項目

思春期に増える心の病気

　学校では子どもが日々長い時間を集団で過ごすため、それまでと様子が変わったときに気づきやすいといえます。心の病気の基本的な知識を身につけ、子どものサインをキャッチできるようにしておきましょう。

　心の病気が特別な問題でないことは、うつ病になる教職員が増えていることからも明らかでしょう。「4人に1人が一生のなかで何かしらの精神疾患にかかる」といわれています。

　そして、発症しやすい時期が思春期です。第二次性徴期となり急速に心身が変化し、成長していくなかで、大人と同じ心の不調、疾患も急増します。子ども同士の関係、仲間意識やコミュニケーションのとり方も小学校低学年とは変わり、適応できずに孤立し、悩む子どもも出てきます。

早く対処すれば回復も早い

　以前は元気よく遊び、学んでいた子どもがふさぎ込んでいたり、イライラして級友と衝突したり、休みがちになったりした場合、早めに対処することが何より重要といえます。

　難しい精神疾患では治療が数年、数十年にも及ぶことがありますが、本格的な疾患になる前の段階で対処すれば、発症の予防につながります。発症した後でも、早めに治療を受ければ回復も早いといわれています。

　ただし、心の不調はカゼやインフルエンザのように簡単に見分けがつくものでもありません。気分の浮き沈みやイライラなどは誰もが日常で感じることであるだけに、病気の可能性を疑い、適切な対処をして支援するためには正しい知識が必要だということです。

　心の病気のサインは、睡眠、食欲、体調、そして行動にあらわれ、さまざまな変化が見られるようになります。発見が遅れて悪化すると、進学、就職などその後の人生に甚大な影響を及ぼしてしまいます。保護者が早めに専門の相談機関や医療機関などに子どもを連れて行けるように、学校内でも協力し合って支援を進めてください。

5-1

心の不調のサインを受け止め、話を聞く

誤解や偏見を払拭してから話を聞く

　心の病気に関してとくに注意しなければならないのは、誤解や偏見が多いことです（右図参照）。人が生きていくなかでは、誰もが困難やストレスに直面し、心のバランスが乱れることがあります。

　たとえば、身近な人が亡くなったショックからなかなか立ち直れなかったり、はっきりした原因がなくとも気分が落ち込んでしまったりすることは珍しくありません。受験などのストレスが引き金になって過度の不安と緊張が続き、不眠や体調の異変が起こることもあります。

　大人でもつらさ、苦しさを人に話すのは簡単なことではありません。正直に胸の内を明かすには勇気がいるけれど、決して恥ずかしいことではないと、大人の側もよく理解したうえで子どもから話を聞いてください。周囲の大人、保護者に気持ちや状況を話し、医師や専門家に相談することが、本人が抱える問題を乗り越える筋道となります。

説教ではなく本人の気持ちに共感する

　本人から話を聞くときは、ほかの人の目につかず、安心して話せる環境を確保し、傾聴を心がけてください。指導に熱心な先生ほどつい説教やアドバイスをしがちですが、心の不調がある子どもへの対応としては適当ではありません。基本的に、子どもの気持ちに寄り添い、共感し、一緒に問題について考えていこうという姿勢が求められます。

　集中して落ち着いて話を聞き、内容は記録しておきます。次のプロセスは、本人が保護者やスクールカウンセラーなどと話せるようにサポートをすることです。学級担任と養護教諭、スクールカウンセラーなどは、日ごろから心の病気にどう対応するか話し合っておきましょう。

心の病気に対する誤解・偏見をなくす

✕ 心の病気になるのは弱いから。

〇 カゼと同じように誰もがかかる可能性がある。弱い人だからではない。

✕ 心を病むのは友達が少ないから。

〇 友達の数と心の病気は関係ない。多ければ健康というわけではなく、ひとりを好む人もいる。

✕ 心の病気は遺伝するもの。

〇 病気そのものは遺伝しない。体質、ストレスへの対処法、考え方など複数の要因が重なり合って起こる。

✕ 心の病気は一生治らない。

〇 心の病気のほとんどは、体の病気と同じく早めに対処すれば、それだけ早くよくなる。回復が可能。

出典：厚生労働省「こころもメンテしよう〜ご家族・教職員の皆さんへ〜」

対応のヒント

「秘密を守る」という約束について

　プライベートな心情や悩みは原則として当然、内密の話ですが、「秘密は守る」と約束すると関係が壊れかねません。治療やカウンセリングを受けるには、まず保護者に話し、担当する医師などにも話すことになります。「裏切られた」と解釈されるおそれがあります。

　「あなたを守るため、あなたの味方を増やすためには話す必要もある」と説明し、自殺のおそれなど命と心身にリスクがある局面では秘密保持より危機対応が優先されることも話しておきましょう。

学校生活にあらわれやすい心のSOSサイン

授業中

- 積極的に授業に参加しなくなった。
- 授業に集中できず、ぼんやりしている。
- 居眠りしている。
- 宿題を忘れる。
- 成績が急に下がった。
- ちぐはぐな発言が増えた。

友人関係のなかで

- 休み時間などにひとりで過ごすことが多くなった。
- 仲間から孤立している。
- ケンカや口論など、対人関係のトラブルが増えた。

そのほか日常の行動

- イライラしていることが多くなった。
- 視線を合わせなくなった。
- 挨拶がなくなった。
- 遅刻、早退、欠席が増えた。
- 保健室で過ごすことが多くなった。
- タバコ、アルコール、シンナーなどを使う。
- 自傷や自殺について口にする。

出典：厚生労働省「こころもメンテしよう〜ご家族・教職員の皆さんへ〜」

本人の話を聞くときの基本ポイント

- 聞くことに集中する。

- 叱るのではなく、本人の気持ちに共感し、受け止める。

- 本人の言葉をときどき繰り返す(とくに「つらい」「悲しい」「不安」など感情を表す言葉は「つらいのね」「悲しいのね」などと)。

- 質問は「はい」「いいえ」の答えにならないよう、「どんなふうに?」と聞く。

- 困難にどんなふうに対処してきたかを聞く。

- 十分に気持ちを話せない場合は、紙に書いてもらう。

- 自傷行為についても批判せず、自分を傷つけるほどつらい気持ちを受け止め、すぐに保護者に伝えて専門家のサポートを受ける。

- 自傷行為、自殺願望などの危機対応については、日ごろから養護教諭、スクールカウンセラー、専門家などと連携のしかたを話し合っておく。

出典:厚生労働省「こころもメンテしよう〜ご家族・教職員の皆さんへ〜」

Topic

話そうとしない子どもへの情報提供

なかなか気持ちを話そうとしない子どもには、心の健康と病気に関する情報に触れさせるのも、ひとつの方法です。

国立研究開発法人国立精神・神経医療研究センターの「こころの情報サイト」には幅広い情報が豊富に掲載されています。

専門家と研究チーム、教育現場をつなぐICTプラットフォーム「こころの健康教室サニタ」の各種教育資材のなかには、うつ病、不安症、精神保健などのわかりやすいアニメなどもあります。

厚生労働省の「こころもメンテしよう〜若者を支えるメンタルヘルスサイト〜」も情報満載。身近な事柄ととらえられる経験談などもあります。

保護者と話し合い、専門家への相談を提案

保護者が子どもを受診させるサポートをする

　心の専門家に相談できる機関や医療機関に子どもを連れて行くのは、保護者の役目です。子どもから話を聞いた教員などが、その代わりをすることは緊急事態以外にはまずありません。

　家庭で本人がつらさ、苦しさを話していない場合、どのように伝えたらいいか一緒に考えることも大切です。本人が望むなら保護者との話し合いに立ち合います。保護者が自宅にいる時間が短い家庭ではとくに、子どもの心の不調にほとんど気づいていないことがあります。それだけショックや動揺が大きいと予想し、対応を考えておく必要もあるでしょう。信じたくない保護者が話をさえぎって否定したり、感情的に自分の考えを押しつけようとしたりすると、子どもは黙り込み、心も閉ざしてしまいます。

　子どもから話す前に、心の病気について説明し、保護者の誤解や偏見をなくすように努めるのもひとつの方法です。

どうすべきか相談できる機関を紹介

　保護者が子どもに治療などを受けさせるサポートとしては、心の病気の相談に応じている公的機関の紹介があります。地域の保健センターや保健所、都道府県の精神保健福祉センターが代表例です。市区町村のホームページか役所で連絡先と対応する時間帯を確認しておきましょう。

　保健センターは乳幼児健診などで保護者にとってなじみのある施設のはずです。保健所とともに電話、来所による心の健康相談に対応しています。

　精神保健福祉センターは、うつ病、不安症、統合失調症、また依存症、思春期の相談などを幅広く受けています。医師などの専門家と話ができ、治療やカウンセリングなどが必要かどうかも聞くことができます。近くの医療機関などの紹介を受けることも可能です。

代表的な心の病気

病名	特徴	治療・支援
気分障害	**うつ病** 気分が落ち込み、何をしても楽しくない、眠れず食欲がない、疲れやすい、自分に価値がないように思えて消えてしまいたくなるといった症状が出る。ストレスを背景に、脳の働きに不調が生じると考えられている。	しっかりと休養をとることが重要。薬物療法ではおもに抗うつ薬が用いられる。カウンセリングも行われる。
	双極性障害（躁うつ病） うつ状態と躁状態を繰り返す。うつ状態だけが見られるうつ病とは治療法がまったく異なるため、専門家による判断が必要。	気分安定薬や非定型抗精神病薬などの薬物療法を基本に、心理社会的治療を行う。
不安症	精神的不安や恐怖が過剰になり、行動や社会生活に影響する状態。 **社交不安症（対人恐怖症）** 人前に出て注目されたり、人と話をしたりする状況に強い不安をもち、避けようとする。 **パニック症** 激しい不安とともに動悸、めまい、呼吸困難、震えなどが急に生じるパニック発作が突然生じる。 **広場恐怖症** 公共の場、交通機関、建物内など自宅外の状況への不安が強い。 **選択制緘黙** 特定の人とは話すが、ほかの人々とは必要があっても話せなくなる。	抗うつ薬、抗不安薬、睡眠薬などの薬物療法、不安を悪化させる考え方、行動を少しずつ修正していく認知行動療法を取り入れたカウンセリングが中心。
統合失調症	心と考えがまとまりを欠いた状態になる病気。幻覚と妄想の症状がよく知られ、本人には現実のように感じられて病気だと気づきにくい。話が支離滅裂で独り言を言う、意欲の低下、無気力、無表情といった症状もある。	中心的な症状を抑える抗精神病薬の薬物療法が基本。睡眠薬、抗不安薬などが処方されることもある。運動療法、作業療法、社会生活技能訓練など、社会生活、対人関係のリハビリテーションも行われる。

参考：厚生労働省「こころもメンテしよう～若者を支えるメンタルヘルスサイト～」、国立研究開発法人国立精神・神経医療研究センター「こころの情報サイト」

5-3

自傷行為、摂食障害、 薬物乱用・依存への対応

生きづらさから自傷行為に走る中高生が増加

　中高生の間に広がる自傷行為は深刻な問題となっています。手首などを刃物で切るリストカットのほか、頭を壁に打ちつけたり、タバコの火を皮膚に押し当てたり、髪を抜いたりと、さまざまな方法をとります。

　同時に摂食障害、薬物やアルコールの乱用などがあるケースも多く、広い意味で自身を傷つけているという見方もできます。

　自傷行為をするから心の病気とは限りませんが、背景にうつ病や統合失調症、また虐待があるケースなどもあります。ほとんどのリストカットは自殺目的ではなく、つらく苦しい思い、虚しさ、怒りなどから逃れる方法、自己否定により自分を罰する方法として繰り返されています。ただ、対処しないまま放置していると自殺リスクが高くなるといわれます。

専門的な治療につなぐ方法を考える

　自傷行為に気づいたときは、本人のつらい気持ちに寄り添って話を聞いてください。医療機関の受診が重要ですが、担任や養護教諭、スクールカウンセラーなどのサポート体制も必要です。自傷行為の知識や相談先の情報をまとめておき、本人に渡す方法も有効です。

　摂食障害には過食と拒食があり、心と体に甚大な影響を及ぼして悪化すると命に関わります。公的な専門治療施設として摂食障害支援拠点病院が国内に6か所あるほか、学校関係者などからの相談にも対応する専門の相談窓口があり、まずは助言を得て対策を練るといいでしょう。

　薬物の乱用については、とくに増えているのが市販薬の過剰摂取（オーバードーズ）です。違法薬物ではないからと安易に手を出し、やめられなくなって精神科を受診する依存症患者が急増しました。専門的な治療、支援が得られるように、情報を集めて本人と家族に提供してください。

自傷行為の特徴と支援のポイント

特徴

- 手首や腕、脚などを刃物で切る。
- 頭を壁に打ちつけたり、自分の顔を殴る。
- タバコの火などでヤケドをする。
- 髪の毛を引き抜く。
- 多くは自殺企図ではない。
- イライラや怒り、悲しさ、寂しさ、虚しさ、不安、劣等感などの不快感情が抑えきれず、苦痛をやわらげようとする。
- 常習化することが多い。
- 繰り返すうちに複数の方法をとったり、エスカレートすることがある。

対応の注意点

- 自傷行為をすることを責めない。
- 「なぜ？」「何になるのか」などと詰問しない。
- 「もうしないと約束しなさい」と強要しない。
- 「自分を傷つけるくらい、つらいんだね」と苦しさに寄り添う。
- うつ病、統合失調症などの心の病気がある可能性を考慮する。
- 本人も保護者も受診を嫌がることが少なくない。
- 家庭での虐待が原因のケースもある。
- 信頼できる大人もいる、助けを求めていいとわかってもらう。
- 話をしてくれたら、心の専門家への相談を勧める。
- 命や安全に関わる場合は保護者に連絡し、専門機関と連携して支援する。

関連情報、専門医療機関など

- 自分を傷つけている中高生向けのリーフレット「しんどいって言えない」（国立成育医療研究センター作成）。
- 受診する医療機関はおもに精神科。本人が嫌がる場合、まずは家族が相談する。
- 相談窓口は、地域の精神保健福祉センターや保健所。

参考：厚生労働省「こころもメンテしよう〜ご家族・教職員の皆さんへ〜」、文部科学省「児童・生徒における自傷行為の理解と援助」

摂食障害の特徴と支援のポイント

特徴

- 体重や体型が自己評価を決定づけ、食事の量、食べ方などの異常が続く。

- 神経性やせ症は明らかな低体重、低栄養状態だが、体重増を極度に恐れる。食事量を極端に減らすか、過食後に嘔吐し、下剤を乱用。

- 神経性過食症は頻繁に過食し、体重増加を防ぐため嘔吐や下剤乱用。

- 無理な嘔吐を続けると手に吐きダコができる。

- 過食性障害では過食が制御できず、短時間で大量に食べ、食べ始めるとやめられない。嘔吐や下剤乱用、絶食などはない。

対応の注意点

- 完璧主義で自己評価が低く、自身の体型の認識にゆがみがあり、病院に行きたがらないことが多い。

- 低栄養が続くと、女性では生理がとまる。対処せずに栄養失調になると腎不全、低血糖、不整脈、感染症などの重大な合併症のリスクがある。

- 過度の低体重は命の危険もあり、入院も必要。

- 治療には抗不安薬、抗うつ薬、抗精神病薬などの薬物療法、カウンセリング、適切な食事をとるための栄養指導など。

関連情報、専門医療機関など

- 摂食障害情報ポータルサイト「摂食障害に悩むあなたとサポートする方々への受診案内」。

- 摂食障害支援拠点病院が宮城、千葉、静岡、福岡、石川、福井にある。

- 地域に拠点病院がない場合、摂食障害「相談ほっとライン」が家族や学校関係者からの相談にも対応。

- 医療機関の情報については、地域の精神保健福祉センター、保健所などに相談。

参考：摂食障害情報ポータルサイト、国立研究開発法人国立精神・神経医療研究センター「こころの情報サイト」、厚生労働省「こころもメンテしよう〜若者を支えるメンタルヘルスサイト〜」

薬物乱用の特徴と支援のポイント

特徴

- 小中高生の間で、市販薬の過剰摂取(オーバードーズ/ overdose /略して OD)が急増。
- 使用されるのは、咳止め、風邪薬、痛み止め、鎮静薬、抗アレルギー薬、眠気防止薬(カフェイン製剤)など。
- SNS を見たり、友人に教えられたりしてマネするケースが多い。
- 学校でも家庭でも孤立しているケースが多い。
- 理由は、嫌なことを忘れたい、ひどい精神状態から解放されたい、ハイになりたいなど。
- 2015年に撲滅された危険ドラッグも復活の兆しがある。

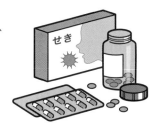

対応の注意点

- 繰り返すうちに自力ではやめられなくなるため、保護者、医療機関と連携して対応する。
- 保護者は進学や世間体を気にして受診をためらうケースもある。
- 対処しないうちに違法薬物に手を出したり、飲酒、喫煙、リストカットなどを始めることもあると認識し、保護者の理解を得られるよう複数で話をする。
- 依存は「否認の病」ともいわれ、本人が問題を認めようとしない傾向がある。

関連情報、専門医療機関など

- 依存症の専門病院や薬物依存の治療を行う精神科を受診する。
- 身近な相談先は精神保健福祉センターや保健所。
- 体験者が互いにサポートし合う薬物依存回復支援施設「ダルク」、自助グループ「NA」などもある。

参考：厚生労働省「わが国における市販薬乱用の実態と課題 『助けて』が言えない子どもたち」「こころもメンテしよう〜若者を支えるメンタルヘルスサイト〜」、国立研究開発法人国立精神・神経医療研究センター 「こころの情報サイト」

5-4

年々深刻化している
ゲーム依存への対応を知る

夏休みがきっかけとなることが多い

　日常生活に支障をきたすゲーム依存が社会問題化しています。WHO（世界保健機関）は2022年発効の国際疾病分類ICD-11において、ギャンブル依存症などと同じ精神疾患として「ゲーム障害」と位置づけました。

　子どもの場合、夏休みにゲームに没頭し、やめられなくなるケースが目立ちます。休みが明けてもゲーム優先が続き、部活動や友達づきあい、勉強、家族との時間、睡眠時間までが削られるようになります。とくに、オンラインゲームは深刻な依存を引き起こしやすいといわれています。

　ゲームは刺激に満ち、多幸感が得られます。小中学生のうちはまだ理性（前頭前野）が発達半ばで行動のコントロールがうまく働かないため、深刻な依存にならないよう大人が見守り、対応する必要があります。

本人の納得のうえでルールを定める

　夜中までゲームをして遅刻したり、ゲーム以外への興味が低下していたりする場合、早期の症状と考えられます。保護者から相談を受けたら、スクリーニングテストや専門機関などの情報を提供するといいでしょう。

　保護者ができる対策は、本人とよく話し合いながらルールを定めることです。もっとも重要なのがゲームをする時間の設定で、本人の納得のうえで決めることです。そうすることで守ろうとする気持ちが働きます。

　背景に心の病気が隠れていたり、ゲームが逃げ場になっていることもあります。そうした可能性を考慮して、リアルな遊びやスポーツ、趣味などを体験する機会をつくることも、大きな意味をもちます。

　ゲーム依存の専門的治療を行う医療機関はまだ少ないため、治療については地域の精神保健福祉センターに相談してください。認知行動療法や社会生活技能訓練を行うデイケア、治療キャンプなどもあります。

ゲーム依存への対応の流れ

ひとつ以上
あてはまる場合

STEP 1
①ゲーム時間が長い（家族が長いと心配している）。
②ゲームに関する約束が守れない。
③ゲーム課金に問題がある。
④ゲームに関して暴言がある。

あてはまら
ない場合

STEP 2
①ゲームが生活の最優先事項になっている。
　例／勉強、家族行事などよりゲームを優先させる。
②ゲームにより明確な問題が起きている。
　例／遅刻、不登校、成績低下、昼夜逆転、ひき
　こもり、暴力、体力低下など。

あてはまら
ない場合

経過観察
保護者と話し合い、子
ども家庭総合支援拠
点など子どもを支援す
る機関との連携も検討。

ひとつ以上あてはまる場合

ゲーム依存が疑われる。保護者と話し合い、専門機関への相談を勧め、情報を提供する。

ゲーム依存のスクリーニングテスト

過去12か月について以下の質問に答えてください。

1　ゲームを止めなければいけないときに、しばしば止められませんでしたか。
2　ゲームをする前に意図していたより、しばしばゲーム時間が延びましたか。
3　ゲームのために、スポーツ、趣味、友達や親戚と会うなどといった大切な活動に対する興味が著しく下がったと思いますか。
4　日々の生活で一番大切なのはゲームですか。
5　ゲームのために、、学業成績や仕事のパフォーマンスが低下しましたか。
6　ゲームのために、昼夜逆転またはその傾向がありましたか（過去12か月で30日以上）。
7　ゲームのために、学業に悪影響が出たり、仕事を危うくしたり失ったりしても、ゲームを続けましたか。
8　ゲームにより睡眠障害（朝起きられない、眠れないなど）や憂うつ、不安などといった心の問題が起きていても、ゲームを続けましたか。
9　平日、ゲームを1日にだいたい何時間していますか。

1～8は「はい」なら1点、9は2時間未満は0点、2時間以上6時間未満は1点、6時間以上なら2点。
合計5点以上ならゲーム依存が疑われる。

参考：依存症対策全国センター「ゲーム依存相談対応マニュアル」、国立研究開発法人国立精神・神経医療研究センター「こころの情報サイト」

5-5

医療機関の受診に加え、居場所づくりを提案

精神科、精神神経科、心療内科の違い

　心の不調、病気への対応には、専門家が必要です。本人と保護者がスクールカウンセラーなどと話し、医療機関に行くことになった場合に備え、何科を受診するのか基本的なことは知っておきたいものです。

　おもな選択肢としては、精神科、精神神経科、心療内科があります。精神科と精神神経科はともにうつ病、統合失調症など心の病気の診療科で、違いはありません。各種の心理療法、カウンセリング、薬物療法などを行います。最近はメンタルヘルス科という名称も用いられ、これも同じです。

　一方、心療内科はストレスなどの心理的要因で頭痛や胃潰瘍、ぜんそくといった症状が身体にあらわれる心身症を中心に診る診療科です。薬物療法、カウンセリングなど心身両面から治療を行います。心の病気まで診ている場合もあり、医療機関により違いがあります。

　また、小児科のなかには、子どもの心身症などの治療を行っているところもあります。かかりつけの小児科医がいる場合、まずは保護者が相談し、病院を紹介してもらうように提案するのもいいでしょう。

本人の居場所、心のよりどころを考える

　専門的な支援に加えて重要なのが居場所づくりです。コミュニティカフェ、子ども食堂（P52、53参照）、ユースプラザなど地域で人が集まり、交流の場となっている場所を探し、本人に利用を勧めてみてください。人と笑顔で言葉を交わし、人の役に立つ経験を重ねることで、自己重要感が醸成され、活力がわいて自分らしさを発揮できるようになるでしょう。

　足を運ぶのが難しい状況では、電話やチャット、SNSなどによる相談窓口の活用が考えられます。頼りにできる場があり、いつでも話を聞いてもらえることは、心に傷を負っている本人にとって力となります。

子どもが利用できる心の不調の相談窓口

一般社団法人 社会的包摂サポートセンター
「よりそいホットライン」

電話、チャット、SNSで悩みを相談できる。幅広い悩みに対応。「よりそいホットラインチャット」には相談をいつでも書き込める。被災者のためのチャットルーム「モヤモヤルーム」には能登半島地震に関するルームも開設され、24時間書き込みができる。

NPO法人東京メンタルヘルス・スクエア
「こころのほっとチャット」

SNS相談の専門カウンセラーが対応。LINE、Facebook、WEBチャットを使ったチャット形式での相談。相談時間やアクセスの方法は「こころのほっとチャット」のホームページに掲載。1回20分の無料電話相談「こころのほっとライン」もある。

特定非営利活動法人チャイルドライン支援センター
「チャイルドライン」

18歳までの子どもを対象に全国の電話・オンラインチャット実施団体と協働で悩みに対応。チャットでは相談員と1対1で気持ちを話すことができる。実施日、時間帯はホームページに掲載。気持ちを「つぶやく」コーナーなどもある。

対応のヒント

医療機関の選択と連携のポイント

ひと口に精神科といっても、精神科を中心に入院もできる精神科病院、外来のみの精神科クリニック、内科や外科など多くの診療科がある総合病院などさまざまです。加えて、病院と所属する医師によって大人をおもに診ていたり、思春期の心の病気を得意としていたりと異なります。

情報を集める際は、専門または得意分野、カウンセラーなど専門スタッフの有無、治療プログラムの内容、入院施設の有無などを確認し、支援する子どもに合っているかどうかを考えましょう。

治療開始後も、保護者から主治医に「学校が連携してサポートする」などと伝えてもらい、どのように支援したらよいか確認するといいでしょう。

5-6

非行の問題は
専門機関と連携して対応

女子中高生については女性相談支援センターに相談

東京・歌舞伎町の「トー横」、大阪・道頓堀の「グリ下」など各地の繁華街に家出した子どもが集まり、飲酒、喫煙、薬物摂取、援助交際などを行っている問題はよく知られています。家庭の不和や虐待、学校での孤立などに悩み、非行に走るケースが多く見られます。

なかでも中高生など若年女性は、SNSで泊まる場所を探したり、声をかけてきた人について行ったりした結果、性犯罪、性的搾取をはじめ犯罪の被害者になることが多々あります。彼らは学校や役所などをあまり信用しないため、本音を聞き取るには時間がかかりますが、自傷行為、薬物乱用も多く、早急なサポートが必要です。

最近は、都道府県の女性相談支援センター（旧・婦人相談所）など公的機関がNPO法人など民間団体と協働し、支援にあたる枠組みづくりが進められています。街頭パトロールで声をかけ、気軽に立ち寄れるカフェ型相談室などに誘導するといった試みが広がっています。必要に応じて児童相談所と連携してシェルターで緊急一時保護を行い、福祉事務所、病院、警察、役所などに同行する支援も行われています。

心配な子どもについては、女性相談支援センターなど専門機関に相談し、本人の状況を総合的に判断したうえでのサポートを考えてください。

保護者に非行の悩みの相談先を教える

　子どもの非行に悩む保護者へのサポートとしては、専門的な相談窓口を紹介する方法が有効です。代表例が法務省が設置している「法務少年支援センター（少年鑑別所）」です。心理学などの専門知識のある職員が、非行や学校でのトラブル、家庭でのしつけなどについて助言し、本人へのカウンセリングを行います。法的なトラブルについては、法テラス（日本司法支援センター）に相談することもできます。

　自治体の青少年センターや都道府県警察の少年サポートセンターなども、非行などについて保護者からの相談を幅広く受けています。

非行に関するおもな相談・支援機関

法務省「法務少年支援センター（少年鑑別所）」

専門知識のある職員が保護者の悩みに対応。本人に対するカウンセリングを継続的に行うなどのサポートもある。オンラインでの心理相談もある。

法務省所管法人「法テラス（日本司法支援センター）」

国が設立した法的トラブル解決のための総合案内所。問題の解決に役立つ法制度、支援制度などを無料で案内する。無料法律相談もある。

自治体「青少年センター※」

保護者や本人からの相談への対応、街頭補導をはじめとする立ち直り支援などを行う。学校や警察、福祉関係機関などと連携して活動している。

都道府県警察「少年サポートセンター」

学校や児童相談所、ボランティアなどと連携して非行の防止や犯罪被害者への支援などを行っている。保護者と本人などから対面、電話やメールでの相談に応じる。警察署などにも少年相談の部署がある。

※自治体により青少年育成センター、青少年指導センター、青少年補導センター、青少年相談センターなどの呼称もある。

子どもが示すサイン

学校で孤立、体調不良、欠席が増えた、登校したがらない、家から出ない

学校で孤立して体調を崩し、欠席が増えた……。「もしかしていじめでは？」と疑われる状況、不登校、またひきこもりで苦しむ子どもには、早めに支援の手を伸ばし、適切なサポート体制を築くことが重要です。

Issue 6 で紹介する項目

いじめ解消には第三者の早めの介入が重要

　学校関係者にとって、子どものいじめは常に神経を使う問題です。教室や校庭などでトラブルが起きていないか、ひとりでふさぎ込むようになった子どもはいないかなど、日々注意していることでしょう。

　中学生のいじめ自殺事件をきっかけに、2013年に「いじめ防止対策推進法」が成立し、基本的な理念や防止のしくみなどが定められました。以降、それまで見過ごされていた事案の把握が進み、いじめと認知される件数が激増したといわれます。

　ただし、適切な対策が行われるように状況が改善されたとはいえず、学校や教育委員会の対応の遅れから重大事態に発展する事例はいまだ相当数に上ります。いじめを苦に自殺する小中高生は後を絶たず、子どものSOSの早期発見、早期対応は大きな課題であり続けています。

　学校関係者、保護者に限らず、子どもの周囲にいる知人、地域住民、またSNS運営者などが、いじめの可能性にいち早く気づき、介入することが重要です。どのような状況を苦痛と感じるかはそれぞれ異なるため、基本的な知識を身につけ、丁寧な聞き取り、状況把握に努めてください。

急増する不登校に求められる適切な支援

　不登校の問題も深刻化しています。いじめと結びつけて語られることも多かった不登校ですが、近年の急増にはコロナ禍の影響があると見られています。休校による生活リズムの乱れに加え、対人スキルを高める機会が大きく失われたことの悪影響が続いているとの見方です。

　実際に、文部科学省による問題行動・不登校調査（2023年度）でも、小中学生の不登校の理由は「無気力、不安」が半分を超え、「生活リズムの乱れ、遊び、非行」「いじめを除く友人関係」がそれぞれ約1割で続きます。背景に心の病気、発達障害、家庭の問題などがある可能性も考慮する必要があります。再登校のみを目標とせず、その子に合う学びの場と居場所を確保し、ひとりひとりに寄り添うサポートをしてください。

6-1

いじめ防止対策推進法に定められた学校の義務と対策を把握する

相談を受けたら学校に通報、教育委員会へ報告

「いじめ防止対策推進」により、学校にはいじめを防止する義務があることが明らかにされ、全国の自治体、学校でいじめ対応マニュアルが整備されてきました。いじめ防止のために学校は教員、心理や福祉などの専門家などにより構成される組織を設置し、保護者や地域住民などと連携して啓発を行うことなども義務づけられています。

学校は子どもや保護者がいじめについて相談できる体制を整備することも求められています。教員が子どもから相談を受けた場合は、学校に通報し、学校はすみやかに事実確認を行い、その結果を教育委員会を通じて自治体の長に報告するように定められています。いじめがやみ、再発しないように、教員は心理、福祉など専門家の協力を得て被害を受けた子どもと保護者を支援します。犯罪行為がなされた場合は警察とも連携し、いじめた側の子どもの指導とその保護者への助言なども行われます。

新たに進められる学校外からのアプローチ

現実問題としては、学級担任などが自力で解決しようと抱え込むこともあります。組織的な対応がなされるように、文部科学省が作成した基本的な対応のチェックリストなどを活用し、対応を進めるといいでしょう。

生命や心身に被害が及んだり、不登校につながるなどの重大事態については、弁護士など第三者による調査が義務づけられていますが、被害者が不信感をつのらせて自治体の市長部局などに再調査を求めるケースも珍しくありません。このため、学校以外の組織によるアプローチが模索され、市長部局などにいじめ相談窓口を設置し、いじめの認知から解決までを支援するしくみづくりが進められていることも覚えておくといいでしょう。

いじめ対応のポイント

いじめの定義

同じ小中高校に在籍しているなど一定の関係にある子どもが行う心理的または物理的な影響を与える行為であり、対象となった子どもが心身の苦痛を感じているもの。インターネットを通じて行われるものも含まれる（いじめ防止対策推進法）。

注意点

- いじめにあたるかどうかは、表面的、形式的ではなく、被害者の立場に立って判断する。
- 認知は特定の教員のみではなく、いじめ防止対策の組織を活用して行う。
- けんかやふざけ合いでも被害が発生している場合もあり、背景にある事情の調査を行い、苦痛を感じているかどうかに着目して判断する。

「いじめ防止対策推進法」の重大事態とは

①いじめにより子どもの生命、心身または財産に重大な被害が生じた疑いがある場合。

②いじめにより相当の期間、学校を欠席することを余儀なくされている疑いがある場合。

参考：独立行政法人教職員支援機構「学校におけるいじめ問題への対応のポイント」

対応のヒント

アンケートで早期発見

いじめの早期発見のため、学校は定期的な調査などを実施するようにいじめ防止対策推進法で定められました。多くの学校では年2、3回など定期的に、また必要に応じてアンケート調査が行われています。

いじめは大人が見ていないところで起こることが多く、アンケートは気づくきっかけとして有効です。無記名にしても、列ごとに後ろの席から回収するなど方法を工夫すれば、どの子どもが書いたかおよそわかります。本人の様子、変化を観察し、状況を聞き取る機会をもってください。本人が否定したときは、仲の良い友達に探りを入れる方法もあります。そして、いじめの疑いがある場合は、学校内で組織的に情報を共有し、支援します。

6-2

すべての子に学びの場を確保する
不登校対策「COCOLOプラン」

専門機関の支援を受けていない子が約4割

不登校が急増し、小・中学生で約30万人にも達しています。社会問題となっているにもかかわらず、学校内外の専門機関の支援を受けていない割合が4割近くに上るとの調査が発表され、対策が急がれています。

専門的な支援を受けにくい理由としては、人員配置が不十分という現状が挙げられます。たとえば、スクールカウンセラーが学校に常駐していなければ相談する機会は限られます。子どもも保護者も具体的な支援策についての情報を学校から得られず、不登校が長期化し、学習の遅れや対人面の経験不足などにつながる問題も指摘されています。

こうした状況を受け、文部科学省が策定した不登校対策が「COCOLOプラン」です。すべての子どもに学びの場を確保するとして、たとえ不登校になっても学びたいときに学べるように受け皿の整備が進められています。具体的には、学びの多様化学校（旧・不登校特例校）や校内教育支援センター（スペシャルサポートルームなど）の設置促進、教育支援センターの機能強化などが行われています（P120、121参照）。

連携して専門機関へとつなぐ

「COCOLOプラン」では、「チーム学校」による支援も大きな柱です。教員、スクールカウンセラー、スクールソーシャルワーカー、養護教諭などが専門性を生かして連携し、早期に支援を始めることが求められます。

学校復帰だけを目標としないことは、2017年に施行された教育機会確保法で明確に示されています。本人のニーズに合った学びの場、相談窓口など状況を把握して専門機関につなげてください。進学先としては通信制高校が受け皿になっている状況もあり、正確な情報を集めて提供しましょう。問題の解決には長くかかり、保護者への支援も重要です。

不登校への対応ポイント

文部科学省による不登校の定義

何らかの心理的、情緒的、身体的あるいは社会的要因・背景により、登校しない、あるいはしたくともできない状況にあるために、年間の欠席日数が30日以上となった状態（病気や経済的な理由によるものを除く）。

教育機会確保法の概要・基本理念

- 学校以外での多様な学習活動の重要性、不登校児童生徒などへの支援を規定。2017年に施行。
- 不登校は誰にでも起こりえることであり、不登校というだけで問題行動であると受け取られないように配慮をする。
- 学校に登校するという結果のみを目標とせずに、子どもたちが自分の進路を主体的に考えられるようにすることを後押しする。
- 子どもたちや保護者の意思を大切にしながら、民間機関などとも連携して支援する。
- 自分のクラス以外の場所でも安心して学べるように学びの場を整備する。
- 不登校の子どもを支援する際は、本人の意思を十分に尊重し、子どもによっては休養が必要なこともあることにも配慮しつつ、ひとりひとりに合った支援を行う。その際、学業の遅れや進路選択上の課題などがあることにも留意しつつ、適切な支援を行う必要がある。
- 不登校などで実質的に義務教育を十分に受けられないまま中学校を卒業した人などさまざまな人が学べるよう、夜間中学の充実、設置促進を図る。

参考：文部科学省パンフレット「不登校児童生徒等への支援についての法律『教育機会確保法』って何？」

対応のヒント

登校再開のプレッシャーに注意

専門機関の支援につなげ、学びの場を得ることは重要ですが、本人の思いと状況の正確な把握が前提となります。学級担任は養護教諭やスクールカウンセラーなどと連携し、家庭環境などの背景まで聞き取り、理解に努めてください。その結果として、どのような支援が適切かを見極めます。

欠席が続いたからと、すぐさまスペシャルサポートルーム（P121参照）に行くよう促したりすることは、勧められません。そうした対応により、登校再開のプレッシャーを強く感じた子どもが、さらに追い詰められる事例が少なくありません。保護者に対しても学校に行かせるように強要せず、つらい気持ちに寄り添うようにと話をしてください。

6-3

不登校が長引いた場合は
早期にひきこもり対策を講じる

ひきこもりに特化した支援機関につなぐ

　子どもが学校に行かなくなり、家の外にもほとんど出なくなった場合、「このままひきこもりになるのではないか」と家族も学校関係者なども心配になります。原則として6か月以上ほとんど家を出ず、家庭外の交遊などを回避している状態が続くと、ひきこもりと見なされます。

　子どものころに不登校を経験し、紆余曲折を経て20代でひきこもり状態になるケースも少なくありません。自助努力のみで問題解決を図ることは非常に困難であり、早いうちに専門的な支援を開始することが重要です。学校関係者に加えて地域の福祉や医療機関、NPO法人など官民連携ネットワークをつくり、学校を卒業後も継続してサポートを受けられるようにできると安心です。

　ひきこもりに特化した相談窓口として都道府県に設置されているのが、ひきこもり地域支援センターです。福祉、保健、心理などの専門知識を有するコーディネーターが本人と家族の相談に対応し、必要な支援につなげます。現在では、市区町村への設置が進められています。

　市区町村では、ひきこもり支援ステーションが本人と家族からの相談に対応し、地域の特性に合わせたひきこもりサポート事業を行っています。まずはこうした専門の支援機関に連絡してみるといいでしょう。

ひきこもりの定義

さまざまな要因の結果として、就学や就労、交遊などの社会的参加を回避し、原則的には6か月以上にわたっておおむね家庭にとどまり続けている状態(他者と交わらない形での外出をしていてもよい)のこと。

厚生労働省「ひきこもりの評価・支援に関するガイドライン」

状況に応じて精神科受診の相談を勧める

　ひきこもりは必ずしも治療の対象ではありませんが、背景に心の病気や発達障害、聴覚や嗅覚の感覚過敏などが隠れている可能性もあります。長期間のひきこもりにより、二次的に対人恐怖、強迫観念、不眠、うつなどの症状があらわれ、精神科の受診が必要になることも多くあります。

　家族が受診すべきか悩んでいる場合は、精神保健福祉センターや保健所などに相談することを助言してください。ひきこもりは孤独、孤立につながりやすく、ひとりひとりの状況に応じた支援が重要です。

　また、ひきこもりに関する詳しい情報は、厚生労働省のひきこもり支援ポータルサイト「ひきこもりVOICE STATION」から入手できます。

ひきこもりに特化した支援

ひきこもり地域支援センター
社会福祉士、精神保健福祉士、保健師、公認心理師、臨床心理士などの資格をもつひきこもり支援コーディネーターが、本人、家族からの相談に対応。適切な支援に結びつける。本人の居場所づくり、支援機関のネットワークづくり、当事者会、家族会の開催、啓発なども行う地域の支援拠点。

ひきこもり支援ステーション
ひきこもり支援コーディネーターによる本人、家族からの相談対応により、適切な機関につなぐ。本人の居場所づくり、地域連絡協議会、ネットワークづくりなども行う。市区町村の実情に応じた任意事業も行う。

ひきこもりサポート事業
市区町村におけるひきこもり支援の導入として実施。地域の特性に合わせ、相談支援、居場所づくり、ネットワークづくり、当事者会・家族会開催、ひきこもりサポーターの派遣などから選択した事業が行われる。

ユースプラザ
地域によりユースプラザという名称で、不登校、ひきこもりなどの青少年や若者に居場所提供、相談対応、自立支援などを行っている場合もある。NPO法人などの民間団体と市区町村などが連携し、地域密着の活動を行う支援機関。

6-4

保護者との話し合いから 専門機関への相談、支援につなぐ

教育委員会にある相談窓口

　いじめの兆候が見られたり、欠席が続いたりした場合、早めに保護者と話す機会を設けることが大切です。子どもの様子がおかしいと心配している保護者だけでなく、変化に気づいていないケースもあるはずです。

　家庭での様子などを確かめたうえで、まず伝えることはさまざまな対応策や支援があることです。登校したがらない場合、その子に合う学びの場や安心して過ごせる居場所などを探すことになります。

　そのための第一歩として、保護者には専門機関に相談することを勧めるといいでしょう。教育委員会の不登校相談担当部署では、学校生活の不安などの相談にも応じています。地域により異なりますが、教育センター、教育相談所などの相談窓口もあるので、あらかじめ部署と名称、対応している相談の内容などを確認して紹介してください。

　教育委員会など学校外への相談を保護者がためらう場合は、教員や養護教諭、スクールカウンセラー、スクールソーシャルワーカーらが情報を共有し、保護者と話し合う場を再び設ける方法を考えます。

児童相談所や教育支援センター、親の会

　18歳未満の子どもの行動に関する悩みは、自治体の子ども家庭支援課、児童家庭支援センター、児童相談所なども幅広く対応しています。いじめ被害については、警察の少年相談窓口が対応しています。不登校の子どもが通所指導を受けられる教育支援センター（旧・適応指導教室）に、保護者がはじめから相談することも可能です。

　保護者への支援としては、不登校の親の会の紹介が考えられます。不安や悩みを分かち合い、支え合い、勉強会を開くなど、それぞれ内容が異なるため、あらかじめチェックして情報提供してください。

不登校の親の会の情報入手サイト

「全国不登校新聞」
特定非営利活動法人全国不登校新聞社が月2回、紙版とウェブ版を発行。チャットを利用して不登校の子をもつ親同士で対話できる「親コミュ」も運営しており、テーマ別グループ、会員限定イベントなどもある。

「未来地図」
"先輩ママが運営する不登校の道案内サイト"。全国の親の会情報が掲載されている。オンライン親の会「mirai café」も開催。同サイトにはフリースクール、通信制高校などの情報も豊富。

「登校拒否・不登校問題　全国連絡会」
不登校やひきこもりの子どもを見守り、悩む親たちが孤立せず、交流し合い、学び合うための親の会の全国的なネットワーク。親の会・交流会の情報が得られる。

「特定非営利活動法人 KHJ全国ひきこもり家族会連合会」
全国のひきこもりの家族会の取り組みを支援し、情報誌「たびだち」を年4回、発行。全国の家族会を地図から探すことができる。ひきこもりに対する理解、地域連携、官民連携の促進など幅広い活動を行っている。

Topic

「学校休んだほうがいいよチェックリスト」

学校に行きたがらない子どもを休ませるか、登校を促すべきか、判断に迷う保護者のために開発されたのが、「学校休んだほうがいいよチェックリスト」。不登校支援を行う3団体（キズキ、不登校新聞、Branch）と精神科医が共同で作成したもので、LINEで無料で利用できます。

20の質問項目にイエスかノーで答えていくと、休んだほうがいいのかどうかの目安が得られるというしくみ。子どもを無理に登校させて追い詰めずにすみ、うつ病や自殺のリスクを軽減するのではないかと期待されています。

チェック項目例

☑ 一週間以上、欠席が続いている。

☑ 学校でトラブルにあっている。

☑ すぐにイライラするようだ。

☑ 過度に甘えたり、わがままになることがある。

6-5

本人に合う学びの場と
居場所を確保する

需要に応じて増え続けるフリースクール

　不登校の子どもへの支援の柱となるのが、在籍する学級以外の学びの場の確保です。教育機会確保法でそれぞれに合う学びの保障が定められ（P115参照）、登校を目標にしないという意識も広がりました。

　選択肢のひとつが、都道府県などが設置を進めている学びの多様化学校（旧・不登校特例校）です。授業時間を少なくするなど柔軟な学び方を可能にした小中高校ですが、まだ数が限られています。

　自治体が運営する公的施設として、教育支援センターもあります。公共施設内にあることが多く、基本的に無料で、個別学習、相談対応などが行われます。地域にもよりますが、やはり受け入れ人数が限られます。

　そうした状況もあり、全国に500か所程度まで拡大したのが民間のフリースクールです。一定の要件を満たすと出席認定、成績評価の対象となりますが、費用の負担があり、一部の自治体は軽減策の導入を始めています。

　公立中学校に設置される夜間中学も、受け皿となっています。不登校の場合、一定の要件を満たせば在籍校の出席認定、成績評価の対象になります。不登校のまま卒業した人の学び直しの場としても利用されています。

フリースクールのチェックポイント

☑ 通う目的を明確にして、本人に合っているかを最優先に考える。

☑ 学校復帰が目標か、それとも仲間と過ごす居場所づくり優先か？

☑ 学習支援はどの程度充実しているか、時間割はあるのか？

☑ 運営方針、スタッフと子どもたちの様子、雰囲気はどうか？

☑ 月々の費用はどのくらいか、自治体の軽減策はあるか？

登校につながる居場所をつくる

　学校の門をくぐることができても在籍学級に行くのは難しい場合、校内に前段階の居場所を確保することが重要です。代表例が校内教育支援センターで、空き教室などを活用して設置されています。校内フリースクール、スペシャルサポートルームなど名称はさまざまで、自習したり、本を読んだり、くつろいだりと思い思いの過ごし方ができます。

　ほかにも、保健室、図書室など安心して過ごせる場所が複数あると、ストレスの軽減につながり、学校に行くハードルが下がるといわれます。不登校の子どもが過ごしやすくなる工夫をするといいでしょう。

　地域のなかでの居場所としては、児童館、公民館、図書館、プレーパークなどの遊び場が候補にあげられます。ネットワークをつくり、その子どもに合う施設、プログラムなどを探してください。

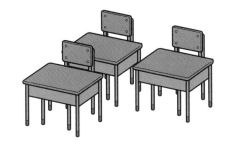

Topic　オンライン活用による学びの場

　すべての子どもに学びの場を確保するため、オンライン学習の試みも広がっています。国の取り組みとしては、自宅にいながら学べるように教育支援センターでのICT環境の整備を急いでいます。

　自治体やNPOによる取り組みも見られます。東京都教育委員会がつくった仮想空間「バーチャル・ラーニング・プラットフォーム」では、子どもがアバターを動かして授業を受け、ほかの子どもと話したりしています。不登校、また日本語指導が必要な区立市立の小中学生、また都立の高校生を対象として、順次利用できる区市を拡大する予定です。

　認定NPO法人カタリバが運営する「room-K」もメタバースにあるスクール。提携する自治体の不登校の小中学生たちがアバターを使い、学習支援を受けています。

本人の苦しい思いに向き合い
自殺リスクを早期に察知する

話を聞くときは「TALKの原則」を実践

　あまり考えたくないでしょうが、いじめ、不登校、ひきこもりによって自殺リスクは高まります。本人の苦しい気持ちを聞き出すときは、「TALKの原則」を意識してください。誠実な態度で話しかけるTell、自殺願望について明確に質問するAsk、訴えを傾聴するListen、安全を確保するKeep safeで、自殺を防ぐ話の聞き方とされています。

　良くない考えだと本人の言葉を否定したり、説教をしたりするとさらに追い詰めてしまいます。聞く側もつらくなりますが、話をそらさず、本人の気持ちを受け入れ、寄り添う姿勢を保ってください。そのうえで、カウンセリングなど専門家の支援につなげます。

　LGBT、性別違和など、これまでなじみのなかった悩みに驚くこともあるかもしれません。LGBTは病気ではありませんが、日本の法律では同性間の結婚が認められていないこともあり、差別や偏見が根強く残り、いじめや暴力にさらされ、自殺リスクが高い傾向があります。

心の健康状態の把握は大きな課題

　本人がなかなか心を開いてくれないときは、相談先の情報を提供し、話をしてみるように勧めてください。電話が苦手な子どもたちのためにチャットなどで相談できる機関が増えています。

　最近では、小中学生に配布されたタブレット端末を活用し、自殺リスクの早期発見に活用する方針を国が打ち出し、さまざまな試みが始まっています。出欠、早退、保健室の利用、また心の状態についての回答などから心の健康状態を観察するものです。もちろん、子どもと向き合い、目を見て話しながら、異変はないかと日々、注意を払うことが何より重要であることに変わりはありません。

自殺の前兆として見られることがあるサイン

- ☑ 自殺をほのめかす、自殺について口にする。
- ☑ 消えたい、いなくなりたいと言う。
- ☑ 自分は生きている意味や価値がないと言う。
- ☑ 生まれてこなければよかったと言う。
- ☑ まわりに迷惑をかけていると自分を責める。
- ☑ 自暴自棄になる。
- ☑ 身のまわりのものを片づけたり、人にあげたりする。
- ☑ 薬やアルコールを乱用する。

出典：厚生労働省「こころもメンテしよう〜ご家族・教職員の皆さんへ〜」

本人の相談窓口

国立研究開発法人国立精神・神経医療研究センター「KOKOROBO（ココロボ）」
オンラインのメンタルヘルスケアシステム。ストレスセルフチェックを行い、その結果によりチャットボットでの相談、オンライン・SNS相談、または医療機関の受診を勧められる。

特定非営利活動法人あなたのいばしょ「あなたのいばしょチャット相談」
24時間365日、年齢、性別を問わず誰でも無料で利用できる。所定の訓練を修了したボランティアの相談員が対応する。

特定非営利活動法人チャイルドライン支援センター「チャイルドライン」
18歳までの子どもを対象にした無料の電話相談窓口。悩みだけでなく日々の出来事や思いなども受け手のボランティアが聞いてくれる。チャット相談もある。

NPO法人自殺対策支援センターライフリンク「生きづらびっと」
厚生労働省補助事業として、各分野の専門家、地域拠点と連携して行われている「生きることの包括的な支援」。人に言えない悩みをSNSで相談できる。

「こころの健康相談統一ダイヤル」
全国共通の番号から地域の公的な電話相談窓口につながる。地方自治体が運営し、相談は無料。家族や周囲の人からの相談にも対応。

6-7

暴力、誹謗中傷、体罰などへの
法的対応を支援する

子ども向けの法律相談が入口

　いじめの問題が解決されないまま、暴言や暴行、金品の要求、脅しなどが続き、保護者が法的対応を考えることがあります。現実に暴行罪、傷害罪、恐喝罪などにあたる行為は珍しくありませんし、精神的・肉体的苦痛に対して損害賠償を求めて責任をとらせたいと願う場合もあります。

　教員や部活動の指導者などの体罰、暴言や行き過ぎた指導が不登校を招いている場合、法の力を借りて子どもを守ろうとするケースもあります。

　裁判ではなく、弁護士などが学校との間に入って協議し、トラブル解決へと導く対応も多く見られます。保護者に相談された場合、はじめは都道府県の弁護士会による無料の法律相談などを勧めるのがいいでしょう。いじめや体罰などに悩む子ども向けの無料サービスも広く行われています。

　経済的に余裕がない家庭には、法テラスによる「民事法律扶助」があります。無料の法律相談に加え、司法書士、弁護士の裁判手続き費用などを立て替える制度です。ほかに市区町村による法律相談もあります。

　弁護士にも得意分野がありますから、依頼する前にホームページなどで学校トラブルの解決実績を確認することも大切です。

SNSなどネットいじめへの対応

　SNSなどインターネット上の誹謗中傷も、いじめにあたります。実名をあげて悪口やうそを書くことは、名誉棄損罪、侮辱罪などに問われる可能性があります。教育現場ではまだ認識されにくいのが現状です。

　本人や保護者から相談を受けたときは、ネットトラブルの専門機関への相談につなげてください。削除依頼の方法、プロバイダーへの削除要請などの助言が得られます。加害者に損害賠償を求めるなら、前述した法的対応を検討します。悪質な侮辱や脅迫については、警察との連携も重要です。

無料の法律相談窓口

都道府県の弁護士会

いじめ、体罰、性犯罪などの学校トラブルに関する無料の法律相談サービスがある。第二東京弁護士会の「キッズひまわりホットライン」、大阪弁護士会の「子ども何でも相談」など、子ども本人からの相談も受けつけている。

民事法律扶助

法テラス（日本司法支援センター）による無料の法律相談。1回30分程度、ひとつの問題につき3回まで弁護士、司法書士などの助言を受けられる。裁判、弁護士費用の立て替え制度もある。収入などが一定額以下であるなどの条件がある。

こどもの人権110番

いじめ、体罰、児童虐待などについて、本人また保護者などからの相談に無料で応じる。最寄りの法務局の職員または人権擁護委員が対応し、学校への働きかけなどの対策もとられる。メール相談、LINE相談もある。

対応のヒント

ネットいじめの相談・通報窓口

　ネットトラブルについては、知識や経験の不足から教育現場でも対応に悩みがちです。専門機関を把握しておき、自身が相談するか、本人または保護者が相談するように導いてください。

　違法・有害情報相談センターは、誹謗中傷、名誉棄損、人権問題などの相談を受け、専門知識を持つ相談員が具体的な対応方法などを助言しています。総務省委託事業の相談窓口で、相談は無料。学校関係者などを対象にしたセミナーも実施しています。

　一般社団法人セーファーインターネット協会による「誹謗中傷ホットライン」は、通報を受けると、国内外のプロバイダーに削除などの対応を促す連絡を行います。同協会の「セーフライン」は、インターネット上の犯罪行為や自殺などの誘引・勧誘、児童ポルノなど違法・有害情報の通報を受け、国内外のサイトへ削除の要請、警察への通報などを行います。いじめ、リベンジポルノの動画像の通報も受けつけています。

子どもが示すサイン

女子の体調不良、お腹がふくらんできた、明らかな様子の変化

女子生徒が体調を崩し、以前とは様子が変わって悩んでいたり、お腹がふくらんできたりした場合、妊娠の可能性も考えられます。年齢や状況により性暴力被害の可能性も考慮し、早めに対応してください。

Issue 7 で紹介する項目

家庭の問題、性暴力被害の可能性も考慮

　女子生徒が体調を崩して思い悩む原因は数多くありますが、ひとつの可能性として妊娠があることは承知しておきましょう。その大半は予期せぬ妊娠であり、望んだものではありません。背景には複雑な問題が絡み合っていることも考えられます。

　貧困や家庭不和からパパ活を始めたり、薬物やアルコールによる酩酊状態でレイプされたり、AV出演を強要されたりと、若年層の性暴力・性犯罪被害は広範に及びます。家庭での性的虐待、学校の教員、部活や習い事の指導者による性暴力も起こっています。

　恋人との性行為であっても、本当に望んだことではなかったかもしれません。本人が十分に納得したうえで今後について選択できるように、早くSOSに気づき、支援の手を差し伸べてください。

本人に寄り添う姿勢で必要な支援につなぐ

　妊娠に関する相談は、産むか産まないか、産むなら出産、子育てをどうするのかなど多岐にわたります。必要な支援につなぐには福祉や行政のサービスなどの知識も必要ですが、何より重要なのは本人の気持ちを受け止め、寄り添う姿勢です。非難や説教をすると心を閉ざしてアドバイスも聞かなくなり、最悪の結果を招きかねません。

　国は性や妊娠についての正しい知識の普及をめざし、思春期、妊娠、出産など切れ目なく相談支援を行えるように、性と健康の相談センター事業を推進しています。都道府県などにより保健所や保健福祉課、福祉事務所などに設置され、相談窓口の名称が異なるので、地域の相談窓口を確認し、得られる支援を調べておきましょう。

　そのうえで、教員と養護教諭、スクールカウンセラー、スクールソーシャルワーカーらの協力も得ながら、保護者、そして相手の男性との話し合いを進めます。性暴力被害を受けた場合は、警察に通報し、被害者支援センターにつなぐことを検討します。

　また、避妊と性行為感染症について基本的な知識が得られるように、信頼できる情報を提供することも大切です。

7-1

自治体による妊娠相談に導き、選択肢についての理解を助ける

専門的な相談に立ち会い、サポート

　本人から妊娠している可能性を打ち明けられた場合は、市販の妊娠検査薬で確認してから、その後の対応を進めます。

　妊娠に関する第一の相談先は、全国の自治体の妊娠SOS相談窓口です。電話、メール、LINE、対面により、地域によって助産師や医療機関、福祉関係機関などが対応します。何をどうしたらよいのかわからず悩んでいる本人に対して、必要な情報を提供し、別の機関のサービスなどへ導きます。

　妊娠SOSの対応は地域による違いも大きいので、支援者としては相談に立ち会ったり、あらかじめ自治体の相談窓口で情報を収集しておくことが考えられます。本人が考えをまとめられるように、正しい知識の啓発をしている団体の情報を提供することなども役立ちます。

　保護者、そして相手の男性との話し合いは、本人の気持ちと希望を聞きながら、状況に応じて無理のない形で進めてください。

悔いのない決断ができるよう選択肢を知らせる

　産むか否かの決断は、産むとしたらその子を誰が育てるのかまでを見据えて考える必要があります。本人の保護者の理解と協力、相手の男性の年齢や就労状況などによっても、大きく変わります。産まないと決めた場合、日本では妊娠22週未満までは人口妊娠中絶手術を受けることができます。

　産みたいけれど育てられない場合、子どもは社会的養護の対象になります。家庭裁判所の審判により戸籍上の親子になる特別養子縁組、育ての親が親権をもちつつ、実親との親子関係も維持される普通養子縁組の制度があります。実親と暮らせない子どもを養育する里親制度もあり、こちらは法的な親子関係は生じません。ただし、養子縁組も里親も少なく、約8割の子どもは乳児院、児童養護施設などで生活しているのが現状です。

妊娠に関する相談窓口

全国のにんしんSOS相談窓口
全国の自治体、委託された民間機関などによる相談窓口。一般社団法人全国妊娠SOSネットワークのサイトに、各地域の相談窓口が掲載されている。同サイトには予期せぬ妊娠、性暴力被害、養子縁組に関する動画、相談員向けの情報などもある。

NPO法人ピルコン
正確な性の知識、人権尊重にもとづく情報の発信を行っている非営利団体。「ピルコンにんしんカモ相談」は妊娠検査、支援先などの情報をLINEボットにより無料で即座に自動応答する。助産師や保健師、看護学生・医学生らが対応するメール相談もある。

一般社団法人あんしん母と子の産婦人科連絡協議会
全国の25の産科医療機関が参加する団体。予期せぬ妊娠に悩む女性の相談に対応。サイトには18歳までの中高生などを対象に初診料無料で妊娠相談を行う医療機関のリストを掲載。地元の児童相談所などと連携し、必要に応じて特別養子縁組のサポートも行っている。

Topic

緊急避妊ピルについて

　避妊に失敗したとき、性暴力被害を受けたときなど、性行為後72時間であれば緊急避妊ピルの服用により約80%の避妊効果が認められています。直後の相談を受けた場合は、選択肢のひとつとなります。

　日本では医師の処方と診察が必要とされていますが、対面診療のほかスマホ受診が可能な医療機関もあり、薬は薬局に行って服用します。緊急避妊薬に対応している産婦人科の一覧は、厚生労働省のサイト「緊急避妊に係る取組について」から探すことができます。

7-2

産むと決めたら自治体の支援、費用の助成など入念に確認

特定妊婦を支援するしくみがある

　本人が産むと決断した場合は、自治体によるサポートを受けながら、産科医療機関を受診し、出産に向けて準備を進めます。

　中高生の予期せぬ妊娠、貧困、虐待などの家庭環境によりハイリスクと予想される妊婦は、特定妊婦として自治体の協議会（要保護児童対策地域協議会）に登録されます。早期発見から早期支援につなげ、未受診のままの自宅出産や育児困難などの問題発生を防ぐことが目的です。

　一般的には、市区町村の担当窓口や保健センターでの妊娠届の提出と、母子健康手帳（母子手帳）の交付の際のやり取りなどから、特定妊婦と判断されることが多くあります。本人に同行し、確認するといいでしょう。

　特定妊婦に登録後は、自治体の担当部局、保健所、児童相談所、医療機関などが連携して支援が行われるしくみです。保健師、社会福祉士による家庭訪問のほか、出産する病院探し、必要がある場合は母子生活支援施設など住まいの確保、生活保護の申請、子育ての準備などが進められます。支援の内容は、自治体と個々のケースにより異なります。

社会的ハイリスク妊婦を把握するチェックポイント

- ☑ 年齢は？
- ☑ 妊娠がわかったときの気持ちは？
- ☑ 精神疾患の既往があるか？
- ☑ 対人関係のトラブルがあるか？
- ☑ 経済的なゆとりはあるか？
- ☑ 生活の場所は一定しているか？

- ☑ 困ったときに相談できる人はいるか？
- ☑ 親との関係に満足しているか？
- ☑ パートナーとよくケンカするか？

※国の研究班が開発した SLIM(Social Life Impact for Mother)尺度。特定妊婦には一定の基準はなく自治体により判断される。

参考：厚生労働省の研究班報告など

出産育児一時金の手続きを確認しておく

妊娠・出産は病気ではないため、原則として費用は自費です。それだけに健康保険から一定額が支給される出産育児一時金を確実に受け取れるように注意してください。

経済的な理由で入院して出産できない場合、入院助産制度を利用できないか市区町村に要件を確認し、申請につなげましょう。利用できる病院は限定されますが、出産費用が助成されます。

最近では、未受診妊婦への支援として健診・出産の費用をNPO法人が肩代わりする「無料産院」の取り組みなどもあります。

また、相手の男性と結婚しない場合、認知により父子関係を明らかにし、養育費の支払いの取り決めをすることが重要です。無料の法律相談などを通じて支援を受け、専門家に合意書を作成してもらってください。ひとり親への支援については3章P146 ～ 153で紹介します。

対応のヒント

公立高校の妊娠への対応について

公立高校の女子生徒が妊娠した場合、本人が学業の継続を望んでいるのに学校が安易に退学処分や退学勧告を行うことには問題があります。本人と保護者、学校関係者が集まり、本人の希望に応じて登校の継続、転校などについて十分に話し合ってください。

登校を続ける場合は、養護教諭、スクールカウンセラーなども含め、学校として十分な支援を行います。体育実技は課題レポート提出や見学で代替するなど母体に影響を与えないような対応を考えてください。

参考：文部科学省「公立の高等学校における妊娠を理由とした退学等に係る実態把握の結果等を踏まえた妊娠した生徒への対応等について」

7-3

性に関する正しい知識を身につけ、心と体を守れるように支援する

避妊、性感染症、性的同意などの情報を提供

　検査の結果、妊娠していなかった場合、中絶した場合などは、避妊を含めて性に関して正しい知識を得られるように情報提供を行います。自身の体と心を守るために重要なことであると助言してください。

　日本の性教育は大きく遅れている現状があり、男女の体の構造、性行為により妊娠する過程、避妊の方法など基本的な知識が欠けている中高生も珍しくありません。望まない妊娠を防ぎ、クラミジア、淋病、ヘルペス、梅毒、HIVなどの性感染症から身を守るためにも、知識が必要です。性感染症は決して遠い世界の出来事ではありません。性的搾取、性的同意についても学んでおくと、今後の人生において大きな違いをもたらします。

　支援団体などのわかりやすいサイト、パンフレット、相談窓口などの情報を集めておき、本人に渡すようにしましょう。

性暴力から身を守るために相談につなぐ

　性暴力被害の警察への通報を嫌がっていた場合は、そのままにせず都道府県の女性相談支援センター（旧・婦人相談所）、または匿名でも相談できる警察の性犯罪被害相談窓口で話してみるよう助言してください。家庭内での性的虐待は何としてもとめる必要がありますし、本人が過去のこととして片づけたがっても、後々まで深刻な影響が残ることが多くあります。

　恋人同士の間でのデートDVも多発しています。身体的暴力に限らず、行動を制限したり、怒鳴りつけたりする精神的暴力、性的な行為を強要する性暴力、金銭を巻き上げる経済的暴力も、デートDVです。相談先を紹介し、自らを傷つける関係から離れられるように寄り添い、見守り続けることが大切です。

性に関する相談窓口

性に関する正しい知識が得られる相談窓口

一般社団法人日本家族計画協会「思春期・FP相談LINE」

思春期の体、性、妊娠不安、避妊、性感染症などの悩みに、思春期保健相談士がLINEで応じる。

特定非営利活動法人BONDプロジェクト「BONDプロジェクト」

居場所がなく街をさまよう10代、20代の女子の支援を原点とするプロジェクト。電話、メール、LINE、対面での相談に応じている。

公益財団法人性の健康医学財団「Eメール　性の健康相談」

性感染症を中心とした性の健康に関する悩みに、医師、看護師、保健師、助産師などの専門の相談員が対応する。

性暴力に関する相談窓口

警察全国共通ダイヤル#8103（ハートさん）

各都道府県警察の性犯罪被害相談窓口につながる。性犯罪の被害者が相談しやすい環境整備のため設けられた。年齢、性別にかかわらず、匿名で相談できる。

内閣府全国共通ダイヤル#8891（はやくワン）

性犯罪・性暴力に関する最寄りのワンストップ支援センターにつながる。産婦人科医療機関、カウンセリング、法律相談などと連携。

内閣府性暴力に関するSNS相談「Cure time」

性暴力に関する悩みをチャットで相談できる。メール相談、外国語による相談にも対応。

認定NPO法人エンパワメントかながわ「デートDV110番」

デートDVに特化した相談窓口。電話、チャットでの相談ができる。サイトにはDVかどうかのチェックリストも掲載。

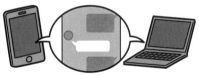

積極的傾聴

　子どもの話を聞く際は傾聴が重要と述べてきましたが、傾聴を提唱したのはアメリカの臨床心理学者カール・ロジャーズです。自身が行った数多くのカウンセリングの事例を分析し、人間尊重の態度にもとづく「積極的傾聴」のカウンセリング方法を編み出しました。

　その根本をなすのは、以下の3原則です。

┃ ロジャーズの3原則

1　共感的理解

相手の立場に立ち、相手の気持ちに共感しながら相手の話を理解しようとします。

2　無条件の肯定的関心

相手の話の内容にかかわらず、はじめから自分自身の善悪の判断や好き嫌いの評価を挟まないようにします。相手の言うことを否定せず、そのように考えるようになった理由、背景などを肯定的な関心を持ちながら聴きます。そうすることで、話し手は安心して話すことができます。

3　自己一致

聴く側も自分の気持ちを大切にし、相手にも自分にも真摯な態度で臨みます。話がわかりにくいときはそう伝え、真意を確かめます。わからないままにすることは自己一致に反します。

　日本では管理職による部下とのコミュニケーション改善、営業職、販売職のスキルなどとして広く研修で取り上げられ、活用されています。

傾聴を練習する際の3つのポイント

①質問はしてもいいが、質問ばかりくり返さない。

②話し手は話題をかえてもいいが、聴き手が別の話題に誘導しない。

③意見を求められたとしても、アドバイスや意見を話し始めない
　（聴き手と話し手の立場が逆転してしまうため）。

参考：厚生労働省「働く人のメンタルヘルス・ポータルサイト こころの耳」

家庭が子どもを守り育む本来の役割を果たせるように
一家の困りごとに気づき、寄り添いながら
支援につなぐための基礎知識を身につけましょう。

3章

家庭の困りごとを確実にキャッチする

家庭の状況に合わせて一家の課題に取り組む

保護者の対応の仕方などから困難のサインを読み取りましょう。

問題を掘り下げて家族をサポート

令和の時代に入り、家族のありようは大きく変わりました。祖父母と3世代で暮らす家族は大きく減り、ひとり親世帯は増えています。夫婦と子どもの世帯はかつては当たり前の存在でしたが、40年の間に単独世帯と逆転現象が起きています（右図参照）。

大きな変化のなかで経済格差は広がり、子どもが抱える困難の背景に家族の困難が見えてくる場合も多くあります。

たとえば、経済的に困窮している場合、子ども食堂で子どもが夕食をとれるようになるだけでは、根本的な解決にはなりません。家族の状況に応じて利用できる制度、受けられる経済的な支援へとつなぎ、生計が立てられるようにサポートしていくことが求められます。

非正規雇用で家計が苦しいひとり親家庭であれば、家事、子育てを支援するサービスを利用し、収入アップを可能にする就業支援を受けるといった方法も考えられます。

家族が抱える困難のサインを読み取る

家族の抱える困難については、よく観察しているとサインに気づくことができるでしょう。保護者と話をしたり、家庭を訪問したりするなかで、課題が浮かび上がってくるはずです。

正しい判断をするためには、さまざまな問題と制度などについての基礎知識と対応を知っておくことが重要です。病気や障害について、またDV被害や児童養護施設、里親などの社会的養護などに関しては、相談先と専門的な支援のしくみを把握しておく必要があります。

日ごろから各分野に広がるネットワークの構築に努め、必要なときに協働できる人間関係があると大きな力となるでしょう。

● 家族の姿の変化

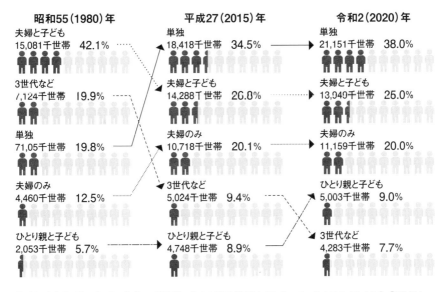

昭和55（1980）年

夫婦と子ども
15,081千世帯　42.1％

3世代など
7,124千世帯　19.9％

単独
71,05千世帯　19.8％

夫婦のみ
4,460千世帯　12.5％

ひとり親と子ども
2,053千世帯　5.7％

平成27（2015）年

単独
18,418千世帯　34.5％

夫婦と子ども
14,288千世帯　26.0％

夫婦のみ
10,718千世帯　20.1％

3世代など
5,024千世帯　9.4％

ひとり親と子ども
4,748千世帯　8.9％

令和2（2020）年

単独
21,151千世帯　38.0％

夫婦と子ども
13,940千世帯　25.0％

夫婦のみ
11,159千世帯　20.0％

ひとり親と子ども
5,003千世帯　9.0％

3世代など
4,283千世帯　7.7％

（注）総務省「国勢調査」より作成。一般世帯に占める比率（施設などに入っている人は含まれない）。「3世代など」は親族のみの世帯のうちの核家族以外の世帯と非親族を含む世帯の合算。「子」は成人を含む。

出典：「令和4年版 男女共同参画白書」

● 「子育てをして負担に思うこと」

(%)

	2005年	2010年	2015年	2020年
子育てによる身体の疲れが大きい	23.8	26.2	30.8	42.6
子育てによる精神的疲れが大きい	29.2	28.9	28.5	43.1
子育てに出費がかさむ	46.5	47.2	49.6	55.6
自分の自由な時間が持てない	42.4	41.2	41.5	46.0
夫婦で楽しむ時間がない	12.3	13.3	12.9	16.3
仕事が十分にできない	15.2	17.6	16.0	16.3
子育てが大変なことを身近な人が理解してくれない	4.1	3.5	4.1	6.9
子供が病気のとき	36.3	35.7	36.3	33.0
負担に思うことはとくにない	11.0	6.4	6.0	8.7

出典：内閣府「令和2年度 少子化社会に関する国際意識調査」

Issue 1

家賃や料金の支払いの遅滞、いつも疲弊して体調が悪い、子どもの世話が行き届かない

支払いが難しいのは経済的に困窮している証です。心労や過労などから心身とも消耗し、いつも具合が悪そうな保護者、子どもの世話ができず栄養状態、衛生状態が悪化している場合などもあります。

Issue 1 で紹介する項目

貧困の連鎖を断ち切る

　今日の日本の貧困は見えにくいといわれます。「十分に稼げない自分が悪い」「貧しいのは恥ずかしい」と考え、他人に助けを求めるどころか、隠そうとする家庭も多いのが現状です。洋服や持ち物などを一見したところでは問題がないようでも、学校の費用や公共料金の滞納、子どもの忘れものなどの背景に困窮が隠れている場合もあります。

　家計の苦しさに心身ともに追い詰められ、保護者が体調を崩したり、子どもの栄養状態や衛生状態が悪化していくこともあります。

　世間にはまだ偏見があり、「怠惰で働いていないだけ」「頑張りが足りない」「子どもがいるのに無責任」などと、保護者を責める人もいます。家族の病気や障害、介護などの出費、解雇、離別、DV、借金など、事情はさまざまです。働きたくても働けないケースは多々あります。

　経済的困窮は子どもの進学、就職など人生の重要な局面に影響を及ぼします。成長過程における心理面への影響も後々まで大きく響きます。そのようにして貧困は連鎖するといわれ、これを断ち切るには社会全体での取り組みが必要だと認識されるようになってきました。学びの機会を確保するための経済的支援などが拡大しつつあります。

信頼関係を築いて申請へと導く

　課題解決のためには、子ども本人だけでなく家庭全体をサポートすることが必要です。日本の社会保障制度は申請主義ですから、保護者などが申請しなければ対象に該当していてもサービスを利用できません。困窮している状況を隠そうとする家庭、制度を利用できることを知らない家庭などには支援が届きにくい現状があります。

　それだけに、周囲で気づいた人が正確な情報を提供し、関係機関に橋渡しすることが重要です。「困っているのではないか」と思ったときは、子どもと家族との間に信頼関係を築き、話を聞くことが第一のステップです。そこから必要に応じて、生活困窮者自立支援制度や生活保護制度などにつないでください。

　近年では、役所に集まる滞納の情報などをSOSととらえ、自治体の側から住民に働きかけを行う取り組みも出てきています。

1-1

児童手当の受給を確認し、
教育、食料などの支援につなぐ

児童手当は高校生まで延長の見込み

　困窮がうかがわれる家庭の保護者と支援について話をする際、糸口としやすいのが児童手当の受給状況の確認です。子育て費用を補助するもので、現状は中学卒業までが対象とされ、所得制限を下回る場合に受給できます。2024年度中に拡充され、高校生まで支給期間が延長されるうえ、第3子からは3万円とし、所得制限が撤廃される予定です（右図参照）。

　児童手当は第一子が生まれたときに申請しますが、転居、離婚、再婚などがあると、あらためて手続きが必要になります。原則として父母のうち所得が高い人に支給されるため、離婚して母親が子どもを育てている場合などは手続きをすませているか確認してください。離婚協議中でもその事実を確認できる書類を提出し、認定請求を行うことができます。

自治体との連携が進むフードバンク

　次に、教育費について心配なことはないか聞いてみましょう。近年、進んだ高校の授業料無償化（P60参照）、また大学の入学金と授業料の減免、給付型奨学金などの制度は、経済状況にかかわらず進学の機会を確保する目的があります。加えて、低所得世帯の中学3年生、高校3年生には、模擬試験、大学受験の費用補助が2024年度から開始する見通しです。

　食品の値上げは困るという話題から、多くの人がフードバンク、子ども食堂（P52参照）などの無償の食料支援を利用している話に進めるのもいいでしょう。NPO法人などのフードバンク団体はコロナ禍で急増し、自治体と連携して生活困窮の相談に訪れた人に食料を配布したり、フードバンク団体が相談を受けて公的支援につなぐといった流れも生まれています。とくに夏休み前は「お昼の準備は大変ですね」と声をかけてみてください。

児童手当制度の現行の支給額と拡充案

子どもの年齢	現行(ひとりあたり月額) ※1		拡充案 ※2	
3 歳 未 満	一律15,000円		15,000円	
3歳～小学生	10,000円	第3子以降15,000円	10,000円	第3子以降 **30,000円**
中 学 生	一律10,000円		10,000円	
高 校 生	なし		**10,000円**	

※1 所得制限限度額あり(扶養家族が子どもひとりの場合660万円など)
※2 2024年度中に実施予定

フードバンクの概要

活動全体像 　※政府は食品ロス大幅削減の課題を背景に、法改正などにより食品メーカーなどの寄付を促進する方針。

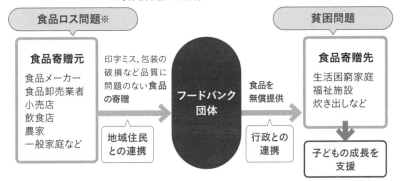

参考:一般社団法人全国フードバンク推進協議会「フードバンクとは」

フードバンクの探し方

• 市区町村の社会福祉協議会、役所の担当部署に聞く。

• 全国フードバンク推進協議会、日本フードバンク連盟のサイトに掲載された加盟団体一覧から探す。

1-2

生活困窮者自立支援制度を利用して生活を安定させることを提案

生活保護を受ける前段階の支援制度

　困窮した人が受ける支援としては生活保護制度がよく知られていますが、その前段階のセーフティネットとして2015年度から始まった生活困窮者自立支援制度があります。働きたくても働けない、不安定で低賃金の仕事しかない、家賃を滞納している、借金があるといった事情で困っていることがわかったら、自立相談支援事業所または市区町村の担当部署、社会福祉協議会などに制度の利用について相談できることを助言してください。

　世帯の状況にもよりますが、家賃給付により生活の基盤をかため、保護者が安定した仕事について自立できるように支援体制がつくられます。

家賃相当額の支給以外は自治体により異なる

　まずはじめに支援員が相談を受けると、どんな状況にあるか具体的に聞き取り、自立に向けた支援プランが作成されます。本人が内容を確認した後、関係機関が連携し、プランにもとづくサービスの提供が始まります。

　全自治体が行っているのが、住居確保給付金の支給です。住む場所を失ったか、失うおそれが高い人に、就職に向けての活動などを条件として一定期間、家賃相当額を支給します。そのほかのメニューは、任意であるため住んでいる地域によって希望しても得られない可能性もあります。

　すぐに働ける状態になければ、人との関わり方などを学ぶ就労準備支援や、一般就労を目指しながら就労体験などを積み重ねる就労訓練の支援を受けられる場合があります。多額の債務に苦しむ人には、家計改善支援が多くの自治体で提供されています。債務整理のため専門機関につなぎ、税金や保険料の支払い、月々の家計の見直し、立て直しなどを行います。

　この制度のなかで、無料の塾や進学支援、居場所の提供など子どもの学習・生活支援を行っている自治体もあります。

生活困窮者自立支援制度

住居確保給付金の支給	就労準備支援	就労訓練
住居を失った、または失うおそれが高い人に就職活動などを条件として一定の期間、家賃に相当する額を支給。資産収入に関する要件、給付上限がある。	社会との関わり、人とのコミュニケーションなどに不安や問題があり、すぐには就職が難しい場合、半年から1年、基礎能力を養うなどのプログラムや支援を提供。	すぐに就職するのが難しい場合に、その人に合う作業機会を提供しつつ、個別の就労支援プログラムにもとづく支援を中長期的に行う。

家計改善支援	子どもの学習・生活支援	一時生活支援
家計の状況を見える化し、根本的な課題を整理し、自力で家計の管理ができるように支援。必要に応じて債務整理、貸付あっせんなどの関係機関につなぐ。	無償の学習支援、居場所づくり、日常的な生活習慣に関する助言などを行う。進学に関する支援、高校生の中退を防ぐ支援など、子どもと保護者の双方に必要な支援を行う。	住む場所がない、ネットカフェで寝泊まりしているなどの場合に、一定の期間、宿泊場所、衣食を提供する。退所後に自立できるように就労支援なども行う。

参考：厚生労働省「生活困窮者自立支援制度　制度の紹介」

対応のヒント

多重債務に苦しむ人へのサポート

　子どもの保護者にクレジットカードや消費者ローンの多重債務があることがわかった場合、公益財団法人日本クレジットカウンセリング協会の「多重債務ほっとライン」の利用を勧めるのもひとつの方法です。電話相談から始めて、内容によってカウンセリングを受けることもできます。可能な場合、無料で任意整理を行い、家計の再建をサポートしてくれます。

1-3

最低限度の生活ができない状態では生活保護制度の利用を提案する

生活保護の申請は国民の権利

　日本国民は健康で文化的な最低限度の生活を保障されています。資産、貯金、能力などすべてを活用しても必要な生活費を得られず貧困状態にある場合、当然の権利として生活保護を受けることができます。

　世帯のなかで働いている人の賃金や各種の手当、年金などがあっても、困窮する場合はあります。国は家族の人数や年齢、地域などにより最低生活費という基準を設けており、生活扶助については世帯収入が基準額を下回ると不足分の支援を受けられます。

　苦境にある保護者には、ひとりで抱え込むのは大変だから役所の担当窓口か福祉事務所に相談だけでもしてみてはと提案するといいでしょう。

調査の結果、保護が決定される

　生活保護は世帯単位で行われます。住んでいない家や土地などの資産は売却し、働ける人は能力に応じて働き、受けられる年金、手当はすべて活用すること、扶養義務のある親族などから受けられる援助は受けることが前提となります。

　このため、申請を行うと家庭訪問による生活状況の把握、資産の調査、社会保障給付や就労収入などの調査、就労の可能性の調査などが行われ、保護の決定がなされます。

　また、生活保護は生活に必要な費用全般をまとめて支給するのではなく、前述の生活扶助をはじめ、住宅扶助、教育扶助、医療扶助など8種類の扶助があります（右図参照）。必要と判断された費用が支給されます。

　保護費は毎月支給され、家庭の状況に応じて福祉事務所のケースワーカーが年数回の訪問調査を行います。働ける可能性がある人には就労につなげる指導などがなされ、保護を脱却して自立できるように支援します。

扶助の種類・内容

扶助	費用の種類	支給内容
生活扶助	食費、被服費、光熱水費など日常生活に必要な費用	食費など個人の費用、光熱水費など世帯単位の費用を合算
住宅扶助	アパートなどの家賃	定められた範囲内で実費支給
教育扶助	義務教育に必要な学用品費	基準額の支給
医療扶助	治療、手術、薬などの費用	本人負担なし
介護扶助	介護保険サービスにかかる費用	本人負担なし
出産扶助	病院で出産する際の費用	定められた範囲内で実費支給
生業扶助	就労に必要な技能の修得などにかかる費用	定められた範囲内で実費支給
葬祭扶助	葬祭に必要な費用	定められた範囲内で実費支給

参考：厚生労働省「生活保護制度」

生活保護の不安にこたえるQ&A

Q 申請すると必ず実家や親戚に連絡がいく？

A 親族に援助できないか確認することを扶養照会といいます。近年、高齢者や施設入所者、また DV、虐待、絶縁状態などの事情がある場合、見合わせる方向に変わっています。申請時に照会を拒否する理由を説明できるように支援してください。

Q 持ち家に住み続けながら受給できるか？

A 家を売却するよりも住み続けたほうが費用がかからないと判断されれば、そのまま受給を認められます。

Q 生活のため必要な車を手放さないとならない？

A 自動車は資産と見なされ、原則として認められません。ただし、多くの訴訟が起こされ、自治体の敗訴もあり、山間地や障害があるなど条件つきで緩和されてきてはいます。

Q 窓口で申請させないようにすることがある？

A 福祉事務所は本来、保護申請を受理しなければなりません。支援者が同行してサポートする方法が効果的です。

家庭の状況

親が働きづめで家にいない、体を壊して寝込んでいる、生活が苦しそう

ひとり親家庭では親子で過ごす時間が十分にとれず、子どもがひとりでいる様子を見かけたりします。保護者が病気で働けなくなったり、働いていても困窮していたりと困難を抱えていることが多くあります。

Issue 2 で紹介する項目

ひとり親家庭の子どもの半分は貧困

　離別、死別などによるひとり親家庭は、決して珍しい存在ではありません。子どもの世話や家事をしながらフルタイムで働くことは難しく、離婚後の再就職、転職なども簡単ではないため、さまざまな壁にぶつかって人知れず苦労をしている家庭が数多くあります。

　ひとり親家庭の子どもの貧困率は約5割という衝撃的なデータもあります。ひとり親家庭の大半を占める母子家庭では、就労している母親のうち正規雇用されている割合は半分以下です。収入が低く、困窮する母子家庭が多いことは社会問題となっています。

　生計を立てようとして仕事を掛け持ちし、過労やストレスで健康を損なう母親も少なくありません。十分に子どものケアができなくなってネグレクトの状態になったり、子どもがヤングケアラーになったりと、いくつもの問題が絡み合う状況が見られます。

支援制度は多岐にわたり用意されている

　こうした状況を受け、国と自治体はひとり親家庭を対象にさまざまな支援を行っています。「子育て・生活支援」「就業支援」「養育費確保」「経済的支援」の4本柱の施策です。生活基盤を確保し、子どもが健やかに成長できるように、職業訓練や現金給付などもあります。

　苦労をしている保護者には、福祉事務所や役所にひとり親支援相談窓口があることを話してみましょう。それぞれの実情に応じた支援を受けられるように、ハローワークや母子家庭等就業・自立支援センター、教育機関、福祉施設などが連携するしくみがあります。

　ただし、支援策が多分野にわたり、関係する部署、機関が多いため、相談すればスムーズに支援につながるとはいいがたい状況があります。複雑な制度をすべて熟知した人員の配置は難しいため、チャットボットを活用して制度と窓口を案内する対策などが進められています。

　ひとり親家庭の支援にあたっては、そうした状況も踏まえ、住んでいる地域の制度情報をできるだけ集めたうえで、相談窓口に同行することが役立ちます。自治体独自の手当や支援策などもありますから、具体的に名称などをあげて利用できないか確認するといいでしょう。

2-1

保護者と子ども双方をサポートする子育て・生活支援策

家事、育児、家計管理、学習支援など

　ひとり親家庭への子育て・生活支援では、それぞれの状況に応じた支援が受けられます。まずは福祉事務所の窓口に出向き、母子・父子自立支援員に生活全般についての困りごと、悩みを相談することが第一歩です。

　たとえば、保護者の病気や修学などで家事、育児のサポートが必要なときは、家庭生活支援員が派遣される「ひとり親家庭等日常生活支援事業」の利用について相談できます。

　また、「ひとり親家庭等生活向上事業」には、家計管理、子どものしつけ、育児などに関する専門家の講習会、放課後児童クラブの終了後の生活習慣や学習の支援、食事の提供などがあります。保護者が高校を卒業していない場合、卒業程度認定試験を受けて安定した仕事につけるように、保護者への学習支援も行われています。

　住んでいる地域により実施されている支援メニューには違いがあり、民間団体などに事業が委託されている場合もあります。

入所施設、家賃の貸付もある

　困窮して家賃が払えず、アパートなどの立ち退きを迫られている場合など、保護が必要と認められる場合は母子生活支援施設に入所する選択肢もあります。母親と原則18歳までの子どもが暮らし、施設の母子支援員に生活、就労、子育てについて相談したり、行政手続きなどのサポートをしてもらったりできます。利用料金は所得に応じて決まります。

　自立を目指して取り組んでいるひとり親に対して、アパートなどを借りる資金を貸し付ける「ひとり親家庭住宅支援資金貸付」という制度もあります。住む場所を確保し、仕事について自立し、子どもの教育の機会の確保にもつなげる施策です。

ひとり親家庭住宅支援資金貸付

対象	児童扶養手当受給者（P152参照、または同等の所得水準の人）で、母子・父子自立支援プログラムの策定を受け、自立に向けて意欲的に取り組んでいる人。
貸付額・期間	入居している住宅の家賃の実費を無利子で貸付。上限4万円。原則として12か月に限る。
ポイント	1年以内に就職し、1年間働き続けた場合などは償還免除。 収入としては算定されず、資産としての算入もない。 生活困窮者自立支援制度の住居確保給付金を受給している場合、状況や希望に応じて併給は可能（合計額が実際の家賃額を超えることはない）。

参考：こども家庭庁「ひとり親家庭等の支援について」

Topic

ひとり親家庭の地方移住支援

近年は、シングルマザーをはじめひとり親世帯の移住を支援する自治体も増えています。高齢化の進む自治体にとっては、若い現役世代を呼び込み、働き手を確保するねらいがあり、さまざまな支援策を行っています。

地方への移住のメリットとしては、家賃や物価が安く生活費が抑えられること、自然豊かな環境で子どもを育てられることなどがあげられます。ただし、都会とはインフラ、人間関係、価値観などが大きく異なり、慎重な計画が必要です。

ひとり親家庭の都市部から地方への移住、就労支援に取り組む組織に、ひとり親地方移住支援ネットワーク会議があります。構成団体は兵庫県神河町、北海道幌加内町、群馬県上野村、長野県須坂市、静岡県伊豆市、島根県浜田市、鹿児島県西之表市。連携して合同移住相談会などを行っています。

移住全般については、NPO法人ふるさと回帰支援センターが相談に応じています。同センターのWEBマガジン「FURUSATO フルサト」にはセミナー、現地体験、各地の相談窓口などの情報が掲載されています。

2-2

ハローワークと連携した訓練、給付金などがある就業支援策

マザーズハローワークでの相談

　ひとり親家庭の就業支援では、ハローワークなどと連携し、経済的な自立が可能になる仕事につけるようにさまざまな事業が実施されています。マザーズハローワーク、マザーズコーナーなどハローワークには子育て中の女性に対応する窓口があり、職業訓練、仕事と子育てを両立しやすい求人情報の提供などを行っており、仕事についての悩みを相談できます。自治体によっては、個々の状況やニーズに応じた自立支援計画を作成したうえで、きめ細かくサポートを進めています。

　一方、都道府県や指定都市などが設置する母子家庭等就業・自立支援センターを利用する方法もあります。就業相談から資格取得のための講習会、在宅ワークに関するセミナー、資質向上のための研修、求人情報の提供などまで一貫したサポートが受けられます。

給付金を利用して希望の職業を目指す

　安定して十分な収入が得られる職業につく訓練のための給付金もあります。自治体が指定した教育訓練講座を受講すると修了後に受講料の6割を支給するのが、自立支援教育訓練給付金です。看護師、保育士、美容師、調理師などの資格を得る養成機関に通う間、月額10万円を受給できる高等職業訓練促進給付金の制度などもあります。いずれも申し込みは自治体のひとり親家庭支援窓口です。

　ひとり親家庭の学び直しの支援もあります。親または子どもが高卒認定試験の講座を受けて合格したときに、受講費用の一部を支給する高等学校卒業程度認定試験合格支援です。ただし、居住する都道府県に制度がない場合は利用できません。住んでいる地域で受けられる支援について、あらかじめ福祉事務所やハローワーク、役所で情報を集めておきましょう。

ひとり親家庭の就労支援の給付金

名称	自立支援教育訓練給付金	高等職業訓練促進給付金
対象	児童扶養手当受給者（P152参照、または同等の所得水準の人）	児童扶養手当受給者（P152参照、または同等の所得水準の人）
期間	おおむね1か月〜4年	6か月〜4年
金額・内容	雇用保険制度の教育訓練給付の指定講座の修了後に、受講料の6割相当額を支給。 上限年額20万円（教育訓練給付の専門実践教育訓練給付の対象では上限年額40万円、総支給額最大4年160万円）。	看護師、保育士、美容師、調理師、製菓衛生師、介護福祉士、理学療法士、作業療法士などの養成機関などでの修学期間中、月10万円を支給。 課程修了の最終年は4万円を加算。 ＊同給付金を活用して資格取得を目指す際は、入学準備金50万円、就職準備金20万円を貸し付ける「ひとり親家庭高等職業訓練促進資金貸付」の利用も可能。

参考：こども家庭庁「ひとり親家庭等の支援について」

Topic

在宅ワーク希望者へのサポート

　コロナ禍で広まった在宅ワーク。通勤するのではなく、自宅で働きたいという保護者がいる場合、ひとり親家庭の在宅就業推進事業が住んでいる地域で行われているか確認してみるといいでしょう。在宅就業コーディネーターが支援し、自営型の在宅就業または企業での雇用型テレワークへの移行を支援する制度です。事業の実施主体は都道府県、指定都市、市区町村などで、委託されている場合もあります。

　あらかじめ就業支援専門員が本人の相談に応じ、希望する形態や職業経験、技能、資格などを聞き取り、ノウハウの有無などを確認します。在宅ワークにつくために基本的なスキルの習得が必要な場合は、母子家庭等就業・自立支援センターで行われる訓練などを受けることができます。

　そして、在宅就業推進事業の実施者が、開拓した業務を在宅就業希望者に発注し、納入された業務の検品、納品などを行います。在宅就業コーディネーターが助言などのサポートを行います。

2-3

児童扶養手当の受給、養育費について確認する

拡充が見込まれる児童扶養手当

　ひとり親家庭への経済的支援の主たるものが児童扶養手当です。子どもがひとりの場合、所得制限限度額までの家庭は月額約4万4,000円（2023年度）の満額が支給されます。限度額を超えると減額され、上限額を超えると支給の対象外となります。ふたりめ以降の子どもには加算があります。

　政府は子どもの貧困対策を強化するため、支給要件の緩和を検討しています。満額を受給できる所得制限の上限は160万円から190万円に、支給対象となる上限は365万円から385万円未満に引き上げられる見込みです。多子加算も第3子以降を第2子と同じ1万円程度に増額するとしています（2025年1月支給分から実施される方向）。

　経済的支援にはほかに、母子父子寡婦福祉資金の貸付制度があります。子どもの修学、親の就職のための技能習得、医療介護、事業の資金など12種類あり、無利子または年利1％で償還も一定の据え置き期間があります。

　また、自治体によっては、ひとり親家庭等医療費助成の制度があります。子どもの医療費の無償化、負担軽減が進んでいますが、この制度はひとり親と18歳までの子どもが対象です。所得制限はありますが、保健診療の範囲内で全額または大半の医療費が助成されます。市区町村の役所の窓口で申請し、助成資格証明書（医療証）の交付を受ける流れです。

養育費の確保支援

　日本では養育費の取得率が大変低く、確実に得られるようにすることもひとり親家庭を支援する施策の柱となっています。支払いが滞っていないか、そもそも取り決めが適切になされているのかを確認し、不安や疑問があれば母子家庭等就業・自立支援センターに相談できると伝えましょう。法律に関する相談は法テラスを紹介するといいでしょう。

母子父子寡婦福祉資金貸付金　修学資金の場合

対象	母子家庭または父子家庭の子どもなど。		
内容	高校、高等専門学校、短期大学、大学、大学院または専修学校への就学に必要な資金（授業料、書籍代、交通費など。大学などでは課外活動費、自宅外通学にかかる経費、保健衛生費なども含む）。		
貸付限度額	私立の自宅外通学の場合の限度額の例（大学院は国公立・私立、自宅・自宅外の区別なし） ※高校、高等専門学校または専修学校に就学し、18歳に達した年度末に児童扶養手当などの給付が終わった場合、上記の額に児童扶養手当の額を加算。	高校、専修学校（高等課程）　月額　52,500円 高等専門学校　1〜3年　月額　52,500円 　　　　　　　　4〜5年　月額　115,000円 専修学校（専門課程）　月額　126,500円 短期大学　月額　131,000円 大学　月額　146,000円 大学院（修士課程）　月額　132,000円 大学院（博士課程）　月額　183,000円 専修学校（一般課程）　月額　52,500円	
貸付期間／利率	就学期間中／無利子		
据置期間／償還期限	当該学校卒業後6か月／20年以内（専修学校一般課程は5年以内）		

＊ほかに、ひとり親の技能習得資金、生活資金、住宅資金、転宅資金、事業開始資金、事業継続資金、結婚資金、子どもの就学支度資金、就職支度資金、親または子の医療介護資金などがある。

参考：こども家庭庁「ひとり親家庭等の支援について」

養育費等相談支援センターを活用

　母子家庭などの養育費の取得率を高めるため、厚生労働省により創設された機関として養育費等相談支援センターがあります。養育費に関する情報提供のほか、ひとり親などからの電話やメールによる相談に応じています。

　母子家庭等就業・自立支援センターなどに寄せられた難しい事例に対する支援や、養育費の相談に関する支援員向けの研修なども行っているので、支援者が困ったときにも活用できます。

　また、この事業の委託を受けている公益社団法人家庭問題情報センターは、離婚、子育て、夫婦・親子関係などの悩みに元家庭裁判所調査官、調停委員経験者などが対応する相談室を各地に設けています。

家庭の状況

小さい子どもがいるのに 公園など外で姿を見ない、 母親が人と関わろうとしない

乳幼児や小学生の子どもがいる家庭とわかっているのに、公園で遊ぶ姿や近所で買い物をする姿を見かけない場合、母親が殻にとじこもっているように見える場合など、孤立傾向が強いと考えられます。

Issue 3 で紹介する項目

3-1	ヘルパーによる家事・育児支援、ファミリー・サポートなどを提案	➡ P156
3-2	乳幼児の親子が交流する地域子育て支援拠点の利用を勧める	➡ P158

子育て世代包括支援センターが身近な相談機関

　近所づき合いや地域住民の交流が少なくなり、コロナ禍の影響もあって孤立感をつのらせる母親が増えています。小さな子どもと自宅にこもる生活は、子どもの成長にも母親の精神衛生にもよくありません。外で母子の姿を見る機会が少なく、話しかけても応じないような場合、早めに対応して支援につなぐ方法を考えたほうがいいでしょう。

　国の施策としては、妊娠から出産、子育てまでを切れ目なく総合的に支援する体制を確立するため、子育て世代包括支援センターの設置を市区町村に求めてきました。母子保健と子育て支援の両分野について、保健師、助産師、看護師、保育士、社会福祉士などの専門職が相談に応じ、サポートを行う機関です。

　孤立している母子が心配な場合、子育て世帯の身近な相談機関として紹介できるのが、この子育て世代包括支援センターです。ただし、名称は自治体により異なり、2024年度からは子ども家庭総合支援拠点とともに見直しが行われ、こども家庭センターに生まれ変わります。

支援体制は地域によりさまざま

　自治体の側からは、妊娠の届出や乳幼児健康診査などを機会として保健師などが支援の必要な家庭を把握し、乳児家庭全戸訪問事業（こんにちは赤ちゃん事業）により乳児の養育環境を確かめ、孤立を防ぐとしています。個々の家庭の情報を子育て世代包括支援センターに集約し、必要に応じて支援プランを作成し、地域の福祉、保育、医療などの関係機関と連携して支援メニューにつなげるというしくみです。

　そのなかで、虐待に対応して設置される要保護児童対策地域協議会（以下、要対協。P40参照）が活用されることもあります。要対協は育児不安などから支援が必要な家庭も対象としており、構築したネットワークのなかで訪問支援をはじめとするサービスの提供が行われます。

　実情としては地域により活用状況はさまざまで、支援が必要でありながら把握されていない家庭も少なくありません。市区町村が実施している子育て、家事の支援メニューなどを確認し、母親と会話を重ねて不安や困りごとを把握し、必要なサービスにつないでください。

3-1

ヘルパーによる家事・育児支援、ファミリー・サポートなどを提案

産後すぐに利用できる家事・育児サービス

　出産後、周囲に頼る人もなく母親がひとりで不安やストレスに苦しんでいる場合などは、市区町村の産前産後家事・育児サービスを調べて利用できると紹介してください。自宅にヘルパーが派遣されます。

　名称や具体的な内容は自治体により異なり、産後何か月まで何回利用できるかなどが細かく定められています。基本的に、日中に家事や育児を手伝う人がなく、支援が必要な家庭などが対象です。食事のしたくや洗濯、掃除、子どもの見守り、授乳、おむつ交換、沐浴などをサポートし、育児についての相談もできます。1時間あたり数百円から1,000円程度の料金がかかり、収入に応じた補助も広く行われています。

地域のなかでの子育ての相互援助を活用

　産後すぐではなく、子どもが保育園や小学校に通っている場合、ファミリー・サポート・センターの利用を提案する方法もあります。市区町村から委託された社会福祉協議会やNPO法人、または市区町村が直営するセンターに、子育ての援助をしたい人が登録し、手助けが必要な人に代わって保育園への送り迎えや放課後などの預かりを行います。保護者の外出中や、病気、冠婚葬祭などの急用で預かってもらうことも可能です。

　援助を提供する会員は、安全・事故対策をはじめとした講習を受け、事前に顔合わせも行われます。料金は市区町村により異なりますが、1時間あたり600 〜 700円が多く、収入に応じた補助も地域により見られます。

　近年は、ホームスタートの活動も広がっています（右図参照）。無償のうえ、家事育児を代行するのではなく、保護者に寄り添って負担や不安を軽減し、自身でできるように導いていくところが支持されています。

ホームスタートの概要

形態

イギリス発のしくみ。日本では NPO 法人など多くの運営団体が、自治体の委託や補助金を受けながら活動している。

担い手

子育て経験があり、研修を受けたボランティア（ホームビジターと呼ぶ）。利用希望者の話を聞き取り、運営スタッフが担当者を決める。

内容

- 不安や悩みを聞いたり、話し相手になったり、経験談や情報を伝えたりする。
- 親子と一緒に自宅で食事を作ったり、公園に出かけて遊んだり、健診や支援窓口に行くサポートをしたりする。
- 回数、期間は団体により、週1回、2時間程度で2、3か月など。

ホームスタートの情報入手先

特定非営利活動法人ホームスタート・ジャパン

全国の運営団体が加盟。サイトから検索できる。新たな団体の設立や運営のサポートも行っている。

対応のヒント

妊産婦の心の不調に注意

　産後数週間から数か月の女性がふさぎ込み、頻繁に泣いたり、不眠や食欲不振が続いたりしている場合、産後うつ病の可能性もあります。妊産婦の10%程度が罹患するといわれ、その割合はコロナ禍に急増しました。

　原因としては、ホルモンバランスの急激な変化、出産によるストレスや疲労、母親になるという急激な変化などがあると考えられています。生まれたばかりのわが子の世話がうまくできず、自分を責めたり、不安にさいなまれたり、感情がコントロールできず怒り出したりもします。

　支援のひとつに、多くの市区町村に広まっている産後ケアがあります。退院直後の母子が、病院の空きベッドなどを活用した施設に宿泊して休養するほか、日帰り型、訪問型があり、助産師、看護師などが心身のケアと育児支援を行います。利用料には1回2,500円の5回までの補助があり、住民税非課税世帯では1回5,000円が回数制限なく支援されます。

乳幼児の親子が交流する
地域子育て支援拠点の利用を勧める

地域の人々と関わりがもてる

　乳幼児を連れての外出は大変だからと自宅にこもりがちな母親には、市区町村の地域子育て支援拠点について情報を集め、利用するメリットを話してみましょう。子育て中の親子の交流促進のために設置され、気軽に集まってほかの保護者と話をしたり、スタッフに育児の相談をしたり、地域の情報を仕入れたりできます。社会福祉法人やNPO法人などが市区町村から委託され、運営しているケースも多くあります。

　地域子育て支援拠点には、一般型と連携型があります。大半を占めるのが一般型で、常設の子育て拠点が設けられています。連携型は、児童館などで学齢期の子どもが集まる前の時間帯などを利用しています。

　いずれも学生や地域住民のボランティアが活動していて、世代の異なる地域の人々と関わりをもつことができます。子どもにとっても母親以外の大人や子どもと接する機会になります。対象はおおむね3歳までですが、就学前までとしている自治体もあります。役所の窓口かホームページなどで情報を集めることができます。

子育てサロンも交流の場

　親子が集まって交流し、子どもを遊ばせ、親子ともに地域の友人をつくる場としては、子育てサロンと呼ばれるものもあります。社会福祉協議会や民生委員、主任児童委員などが、地域の集会所などで運営しています。

　保健師、看護師、栄養士に健康相談ができる日を設けたり、手遊びやゲームなどを通じて子どもの社会性を養ったりと、さまざまな取り組みが見られます。対象年齢は3歳までが一般的で、事前登録や数百円の参加料金が必要なところなど、さまざまです。情報は自治体の窓口かホームページ、福祉拠点などで集めてください。

地域子育て支援拠点のタイプ

一般型	連携型
【場所など】 保育所や公共施設、空き店舗、幼稚園、学校の空き教室などに常設。	**【場所など】** 児童館や児童センターなどに親子が集う場を設ける。
【職員】 子育ての知識と経験を有する専任スタッフ2名以上。	**【職員】** 子育ての知識、経験を有する1名以上の職員に、児童福祉施設などの職員が協力。
【開設日数】 週3日以上、1日5時間以上。	**【開設日数】** 週3日以上、1日3時間以上。

対応のヒント

子育てサロンの一時保育の利用

　保護者が仕事への復帰や再就職などを考えている場合、一時保育をしている子育てサロンが役立つでしょう。買い物や通院などの用事やリフレッシュのために利用することもできます。

　一時保育の料金は、子育てサロンによりさまざま。事前に登録し、利用したい日時を予約するしくみが一般的です。親子で何度か利用し、安心して預けられると確認してから利用するといいでしょう。子どもも慣れた環境で母親と離れる体験ができます。

Topic

保育コンシェルジュとは

　母親から働きたいと聞いた場合、保育コンシェルジュによる相談支援が住んでいる地域で受けられるか確認し、紹介するといいでしょう。待機児童の早期解消が大きな課題となり、多くの自治体に導入されています。

　たとえば、1年後から保育園に入れて働きたいという場合でも、保育コンシェルジュといわれる利用者支援専門員が前年4月から事前説明を行い、情報提供や助言などをしてくれます。おもに市区町村の窓口で希望やニーズを聞き、対応していますが、乳幼児健診や両親学級などでの出張相談も行われています。

Issue 4 家庭の状況

親や祖父母が通院している、子どもが大人の介護をしていて、公的なサポートを受けていない

親や祖父母らしき人の通院に付き添ったり、かいがいしく世話を焼いたりしている子どもは、ヤングケアラーの可能性があります。成人家族に病気や障害がある場合は、家庭全体へのサポートが必要です。

Issue4 で紹介する項目

障害福祉サービスの利用を勧める

2章ではヤングケアラーへの支援を取り上げましたが（P82～91参照）、病気や障害がある成人家族を必要な支援につなぎ、一家の生活が安定してこそ子どもが子どもらしく過ごせるようになります。

障害のある人への障害福祉サービスについては、障害者総合支援法に定められています。障害によって分け隔てられることなく、地域で暮らしていけるようにさまざまな支援が提供されています。

相談窓口は、市区町村の福祉事務所または役所の障害福祉担当部署です。家族に日々の様子を聞いて、利用できるサービスを前もって調べ、それを伝えたうえで窓口に同行するといった方法が考えられます。

国の施策では障害者への相談支援の総合的拠点として基幹相談支援センターが位置づけられていますが、設置義務がないため、利用できるのは市区町村の半数ほどです。ワンストップ拠点として機能し、地域の福祉、医療、教育など関係機関とネットワークを築き、地域全体で障害者を支える基盤をつくる役割が期待されていますが、状況は地域によりさまざまです。

高齢者は地域包括支援センターに相談

65歳以上の家族が介護を必要としている場合は、要介護認定を受け、介護保険による介護サービスや医療サービスなどを利用できるようにつなげることが求められます。

はじめに行うのは、市区町村の設置している地域包括支援センターへの相談です。高齢者と高齢者を支援する人から健康と病気、介護、生活全般の不安や悩みなどについて広く相談を受けつけています。保健師、社会福祉士、主任ケアマネジャーなどの専門職が配置されていて、プロのアドバイスが得られます。要介護認定の申請方法、介護サービスの利用のしかた、手続きなどの説明も受けられます。

要介護認定の結果、要介護より低い要支援1・2の判定を受けた場合も、地域包括支援センターで介護予防ケアプランの作成や現在の状況把握などをしてもらうといいでしょう。将来的な区分変更、介護サービスの開始への移行が円滑になります。

4-1

治療費負担を抑える高額療養費制度、指定難病医療費助成制度を紹介

高額医療費の自己負担は限度額まで

　日本には国民皆保険制度があり、医療機関での支払いは一部負担金ですみます。家族構成や職業などにより加入する医療保険は異なり、国民健康保険、全国健康保険協会、組合健保、共済組合などがあります。

　定期的な通院や長期入院、手術などが必要な家族がいる場合、自己負担の金額がかさみ、家計を圧迫している可能性があります。月ごとの上限額を超えた分は払わずにすむ高額療養費制度を活用しているか、確認してください。自己負担限度額は年齢や所得区分により異なります（右図参照）。

　高額になりそうなときは、前もって申請して限度額適用認定証を取得し、医療機関の窓口に提出すれば自己負担限度額までの支払いですみます（マイナンバーカードを保険証として利用する際は取得不要です）。

　ただし、高額療養費制度では、入院時の食事の自己負担額や保険外の差額ベッド代、先進的な医療などは対象になりません。

　また、介護保険を利用している家族がいる場合、同じ世帯で医療保険と介護保険の自己負担額が限度額を超えると、超えた分が支給される高額介護合算療養費の制度もあります。該当するかどうか確認しましょう。

指定難病の医療費助成もある

　指定難病医療費助成制度は、筋萎縮性側索硬化症、パーキンソン病など国の定める現在341の指定難病について、病状の程度が一定程度以上であると認められた場合に、自己負担上限額を超えた金額の助成を受けられます。上限額は所得区分や状況などにより異なります（右図参照）。

　難病によって生活に支障が出ている家族がいるときは、保健所などの相談窓口に問い合わせてください。指定されている難病と制度の詳細、申請の方法などは難病情報センターのサイトでも見ることができます。

患者の負担割合と高額療養費の自己負担限度額

	所得	負担割合	月単位の上限額　※1
70歳未満	住民税非課税	**3割**	35,400円
	年収約370万円未満	**3割**	57,600円
	年収約370万円以上	**3割**	収入により80,100円〜252,600円 ＋(医療費－267,000〜842,000円)×1%
70歳以上 ※2	住民税非課税 (所得が一定以下)	**70〜74歳2割** **75歳以上1割**	15,000円
	住民税非課税		24,600円
	一般 (年収約370万円未満)		57,600円(多数回該当:44,400円)
	年収約370万円以上	**3割**	収入により80,100円〜252,600円 ＋(医療費－267,000〜842,000円)×1%

※1　12か月間で4回以上高額療養費に該当した場合、4回目以降は限度額が下がる。
※2　世帯ごとの上限額。

参考：厚生労働省「医療費の一部負担(自己負担)割合について」

指定難病医療費助成制度の自己負担上限額

所得	自己負担上限額　※
住民税非課税(所得が一定以下)	2,500円
住民税非課税	5,000円
一般(年収約370万円未満)	10,000円(5,000円)
年収約370万円〜810万円	20,000円(10,000円)
年収810万円以上	30,000円(20,000円)

※( )内は、月ごとの医療費総額が5万円を超える月が年間6回以上ある場合の上限額。

参考：難病情報センター「指定難病患者への医療費助成制度のご案内」

対応のヒント
国保の保険料の納付が難しいケース

　困窮して国民健康保険の保険料を納めるのが難しい場合、要件を満たせば減免措置が受けられます。滞納が長く続くと医療機関の窓口でいったん全額負担の金額を払う必要が出てきます。市区町村の生活困窮者自立支援相談窓口や地域包括支援センターなどで相談できると伝えましょう。

4-2

障害者手帳の取得と
障害福祉サービスの利用を提案

各種料金の割引などのメリットを説明

　障害があることで日常生活に支障がある成人家族がいる場合、障害者手帳を取得しているかどうか確認しましょう。障害者手帳には、身体の機能に障害がある人の身体障害者手帳、精神疾患がある人の精神障害者保健福祉手帳、知的障害がある人の療育手帳の3種類があります（右図参照）。

　障害者手帳の取得はあくまで個人の自由ですが、税金の控除、公共施設や交通機関などの料金の割引、医療費助成など経済的な軽減があります。障害者雇用の制度を利用して就労する選択肢もできます。メリットを伝えて、市区町村の障害福祉窓口か福祉事務所への相談を勧めるといいでしょう。診断書など必要書類をそろえて申請し、判定を受けて交付が決まります。

訪問系、日中活動系など幅広いサービス

　障害のある人は、対象に該当すれば障害福祉サービスを利用することができます。障害者手帳が求められるのは身体障害者のみです。必要とされる支援の度合いがもっとも低い1からもっとも高い6までの障害支援区分があり、移動や動作、身のまわりの世話、意思の疎通、行動障害、特別な医療に関する項目などについて認定調査が行われます。

　ただし、本人が65歳以上の場合、介護保険で受けられるサービスについては介護保険での給付が優先されるという原則があります。

　障害福祉サービスには、自宅に来てもらう訪問系、日中活動系、訓練系・就労系などがあり、対象の障害支援区分が定められています（P166、167参照）。はじめに市区町村の障害福祉担当部署に相談し、次に相談支援事業者にサービスの利用計画を作成してもらいます。調査、認定を受け、支給が決定されます。利用料は世帯収入により異なり、住民税非課税世帯は無料、収入がおおむね670万円以下の世帯では月額の負担上限が9,300円です。

障害者手帳の種類

種類	身体障害者手帳	療育手帳	精神障害者保健福祉手帳
対象	身体の機能に一定以上の障害があると認められた人（視覚、聴覚・平衡機能、音声・言語・そしゃく、肢体不自由、心臓機能、腎臓機能、呼吸器機能、ぼうこう・直腸機能、小腸機能、HIV免疫機能、肝臓機能）。	児童相談所または知的障害者更生相談所で知的障害があると判定された人。国の制度ではなく、都道府県や政令都市などが運用。東京都の「愛の手帳」、名古屋市の「愛護手帳」など独自の名称もある。	統合失調症、気分（感情）障害、非定型精神病、てんかん、中毒精神病、器質性精神障害（高次脳機能障害を含む）、発達障害、その他の精神疾患により、一定程度の精神障害の状態にあると認定された人。
等級	1、2級（重度） 3、4級（中度） 5、6級（軽度）	重度（A） 軽度（B） ※自治体により認定基準、区分などが異なる。	1級 2級 3級

障害者手帳の取得によるメリット ※

交通機関の割引・減免(鉄道運賃が本人と介護者1名について半額、路線バス料金の減免、タクシー運賃の10%割引など)。

携帯電話料金の割引。

NHK 放送受信料の免除。

上下水道料金の割引。

公共施設の入場料が無料(本人と介護者1名。国立、都道府県立、市区町村立の公園、動物園、植物園、水族館、博物館、美術館、体育館、スポーツセンターなど)。

レジャー施設(主要映画館で通常料金が本人と介護者が1,000円に割引、テーマパークなどの入場料割引)。

※自治体、企業などにより内容、要件が異なります。対象を身体障害者手帳、療育手帳に限定している場合も多くあります。

障害福祉サービスの体系

	名称	内容	対象(障害支援区分) ※1
訪問系	居宅介護	自宅で、入浴、排せつ、食事の介護などを行う。	1以上(身体介護を伴う通院など介助を行う場合は区分2以上など)。
	重度訪問介護	自宅での入浴、排せつ、食事の介護、外出時の移動支援、入院時の支援などを総合的に行う。	4以上。重度の肢体不自由または重度の知的障害、もしくは精神障害により行動上著しい困難を有し、常に介護を必要とする人など。
	同行援護	外出時に必要な情報提供、介護を行う。	視覚障害により移動に著しい困難がある人。身体障害または難病により調査票の指定項目の点数が該当する人(障害支援区分の認定は必要なし)。
	行動援護	自己判断能力が制限されている人が行動するときに、危険回避のために必要な支援、外出支援を行う。	3以上。
	重度障害者等包括支援	介護の必要性がとても高い人に居宅介護など複数のサービスを包括的に行う。	6に該当し、意思疎通に著しい困難があるなど。
日中活動系・施設系	短期入所	自宅で介護する人が病気の場合などに短期間、夜間も含め施設で入浴、排せつ、食事の介護などを行う。	1以上。
	療養介護	医療機関で機能訓練、療養上の管理、看護、介護および日常生活の世話を行う。	5または6に該当し、長期入院による医療と常時介護を必要とする人。
	生活介護	施設において昼間、入浴、排せつ、食事の介護などを行うとともに創作的活動または生産活動の機会を提供する。	3以上で常に介護を必要とする人(50歳以上は2以上)。
	施設入所支援	入所する施設において夜間や休日、入浴、排せつ、食事の介護などを行う。	4以上(50歳以上は3以上)
居住支援系	自立生活援助	ひとり暮らしに必要な理解力、生活力などを補うため、定期的な居宅訪問、随時の対応により日常生活における課題を把握し、必要な支援を行う。	自宅でひとり暮らしをしているか、実質的にひとり暮らし同様の状況にある障害者。※2
	共同生活援助(グループホーム)	夜間や休日、共同生活を行う住居で、相談、入浴、排せつ、食事の介護、日常生活上の援助を行う。	グループホームに住む障害者。※2

名称	内容	対象（障害支援区分）※1
自立訓練（機能訓練）	自立した日常生活または社会生活ができるよう、一定期間、身体機能の維持、向上のために必要な訓練を行う。	―― ※2
自立訓練（生活訓練）	自立した日常生活または社会生活ができるよう、一定期間、生活能力の維持、向上のために必要な支援、訓練を行う。	―― ※2
就労移行支援	通常の事業所での雇用が可能と見込まれる人に、一定期間、就労に必要な知識および能力の向上に必要な訓練を行う。	一般企業などへの就労を希望する人。
就労継続支援（A型）	雇用して就労の機会を提供するとともに、能力などの向上に必要な訓練を行う。	一般企業などでの就労が困難で、雇用契約にもとづき継続的に就労することが可能な人。※2
就労継続支援（B型）	一般企業などでの就労が困難な人に、就労する機会を提供するとともに、能力などの向上のために必要な訓練を行う。	一般企業などでの就労が困難で、雇用契約にもとづく就労も難しい人。※2
就労定着支援	一般就労に移行した人に、就労に伴う生活面の課題に対応するための支援を行う。	就労移行支援を受けた後、雇用された障害者。※2

※1 対象については、それぞれ細かい規定があります。
※2 障害支援区分にかかわらず、該当する人が利用できます。

出典：厚生労働省「障害福祉サービスについて」

成人家族の病気・障害

対応のヒント

自立支援医療と補装具

　障害者福祉制度には、身体障害の除去、軽減のための手術などの医療費を助成する自立支援医療もあります。人工関節置換術、心臓のペースメーカー埋込術、腎移植、人工透析などが該当します。うつ病、認知症、てんかんなど精神障害による継続的通院への精神通院医療の医療費助成もあります。いずれも自己負担の上限月額は、住民税非課税世帯で本人の収入が80万円以下なら2,500円、80万円を超えるなら5,000円。市区町村民税（所得割）額が合計3万3,000円未満の世帯では5,000円、合計3万3,000円から23万5,000円未満なら1万円などと定められています。

　ほかに、補装具の購入費用などの一部支給もあります。具体的には、視覚障害者の義眼、聴覚障害者の補聴器、肢体不自由者の義手、義足、装具、車椅子、歩行器、歩行補助杖などです。原則1割負担で、住民税非課税世帯では無料、課税世帯の上限月額は37,200円です。ほかに日常生活用具の給付、貸与の制度などもあります。

障害年金の制度を紹介し、
窓口などへの相談を提案する

現役世代も対象になる制度

　成人家族が病気やケガにより生活に支障をきたしている場合、障害年金が受給できる可能性もあります。障害年金は高齢になって受け取る老齢年金とは別の制度で、現役世代も対象です。障害者手帳を取得しているかどうかも関係ありません。近年は、受給者の6割近くをうつ病、躁うつ病、統合失調症をはじめとする精神疾患が占めています。

　支給される金額は、年金の種類と障害の程度などにより変わります。年金制度は2階建てで、20歳になって加入する国民年金は1階部分、会社員、公務員が加入する厚生年金が2階部分を構成しています（右図参照）。

　注意したいのが、問われるのは現在ではなく、障害の原因となった病気やケガで初めて診療を受けた「初診日」に加入していた年金だということです。会社勤めで厚生年金に入っていたなら障害厚生年金、そうではなく国民年金であれば障害基礎年金の請求をします。

　年金の等級は、障害の程度により厚生年金は1級から3級、国民年金は1級と2級があります。厚生年金では3級よりやや軽い程度では障害手当金という一時金もあります。

　また、厚生年金には配偶者の加給年金、国民年金は子の加算があります。

3つの要件を満たす必要がある

　障害年金の受給には3要件を満たす必要があります（P170参照）。まずは前述した「初診日」について、どこの医療機関だったか、国民年金ならば保険料の納付状況はどうだったかなどを確認しましょう。何年も前で転院を繰り返した場合などは領収書や記録を探します。

　年金を受給するためには、さまざまな書類を提出して日本年金機構の審査に通る必要があります（P171参照）。

障害年金のしくみと受給額 ※1

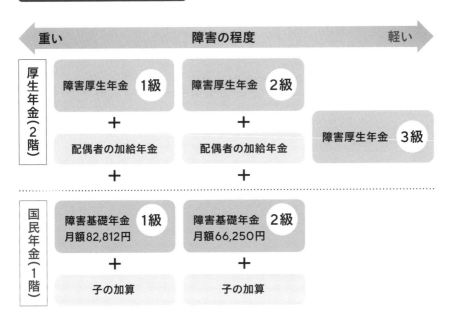

障害厚生年金の1級、2級では障害基礎年金と合計した額を、国民年金では障害基礎年金のみを受給。

配偶者加給年金額

65歳未満の配偶者がいる場合	月額19,058円

子の加算 ※2

第1子・第2子	1人につき月額19,058円
第3子から	1人につき月額6,350円

※1　金額は令和5年度。68歳以上は金額が異なる。

※2　18歳になった年度末まで（障害等級1級、2級の障害の状態にある子は20歳未満まで）。

資料：日本年金機構「障害年金ガイド　令和5年度版」

重い

1級	他人の介助を受けなければ日常生活のことがほとんどできないほどの障害の状態。身のまわりのことはかろうじてできても、それ以上の活動はできず、入院や在宅介護が必要で、活動範囲がベッドの周辺に限られるような状態。
2級	必ずしも他人の助けが必要なくとも、日常生活がきわめて困難で、働いて収入を得ることができないほどの障害。家庭で軽食をつくるなどの軽い活動はできても、それ以上重い活動はできず、入院や在宅で活動の範囲が病院内、自宅内に限られるような状態。
3級	労働が著しい制限を受けるような状態。日常生活にはほとんど支障がなくとも、仕事をするには限度がある状態。
障害手当金	3級の障害よりやや程度の軽い障害が残った場合に支給される一時金。

軽い

※障害者手帳の等級とは異なります。

受給のための3要件

①	② ※1	③ ※2
障害の原因となった病気やケガの初診日に、国民年金か厚生年金に加入していること。	初診日の前日において、保険料の納付要件を満たしていること(初診日がある月の前々月までの被保険者期間のなかで、3分の1以上の保険料の未納期間がない、または直近1年間に未納がない)。	障害の状態が、障害認定日に障害等級に該当していること(障害認定日とは障害の状態を定める日。初診日から1年6か月を過ぎた日、または1年6か月以内にその病気やケガが治った場合はその日をいう)。

※1　20歳になる前に初診日があり、20歳前傷病による障害基礎年金を請求する場合は、国民年金の加入前であるため、納付状況は問われません。

※2　障害認定日に障害の状態が軽くても、その後、重くなったときは、事後重症による請求により障害基礎年金を受給できる場合もあります。

障害年金請求に必要なおもな書類

受診状況等証明書	・初診日を証明するための書類。一度も転院していない場合は、受診している医療機関の診断書のみでOK。 ・最初に受診した医療機関に作成を依頼する。 ・20歳前傷病による障害基礎年金を請求する場合は、20歳前の受診が確認できれば2番目以降の医療機関でもよい（ただし、その受診日前に厚生年金に加入していないこと）。
診断書	・障害等級に該当するかどうかの判断のために提出する。 ・受診している医療機関に作成を依頼する。 ・障害別に8種類あり、該当するものを使用する（①眼の障害用、②聴覚・鼻腔機能・平衡機能・そしゃく・嚥下機能・音声または言語機能の障害用、③肢体の障害用、④精神の障害用、⑤呼吸器疾患の障害用、⑥循環器疾患の障害用、⑦腎疾患・肝疾患・糖尿病の障害用、⑧血液・造血器・その他の障害用）。 ・作成日は障害認定日から3か月以内である必要がある。
病歴・就労状況等申立書	・発病、ケガから現在までの病歴、就労状況、日常生活の支障を自分自身で記載する。 ・先天性の病気などにより障害がある場合は0歳から記載する。 ・就労状況では障害による支障、受けているサポートなどを具体的に書く。 ・日常生活については、受けている障害福祉サービス、家族のサポートなどを具体的に書く。
年金請求書	・障害基礎年金または障害厚生年金の様式を使用する。
年金手帳	・年金手帳または基礎年金番号通知書など基礎年金番号を確認できるもの。
金融機関の通帳	・金融機関名、支店番号、口座番号、口座名義人（本人）のカナ氏名が記載された部分、またはキャッシュカードの写し。

対応のヒント　まずは専門家への相談を勧める

　障害年金を年金事務所に請求し、日本年金機構の審査に通るには、入念に準備をして膨大な作業を進める必要があります。その点を考慮すると、まずは専門家に相談して要件を満たしているか、受給の可能性はあるかなどを確認するのが得策です。障害年金の話に興味を示している家族には、通院する病院のソーシャルワーカー、または年金事務所、自治体の障害福祉担当部署、福祉拠点などで話をしてみるよう勧めるのがいいでしょう。

4-4

高齢家族の世話については
介護保険サービスの利用を提案

要介護認定を受けてサービスを利用

祖父母など65歳以上の家族を子どもが介護している場合、要介護認定を受けて介護保険のサービスを利用できることを保護者をまじえて話しましょう。費用についての不安を聞いた場合には、地域包括支援センターで金銭面も含めて相談できると話すといいでしょう。

要介護認定の申請は、市区町村の窓口で行います。調査員による聞き取り調査と、かかりつけ医の心身の状況に関する意見書にもとづいて判定が行われ、要介護度が決定されます。

利用できるサービスは要介護度により決まります。要介護1以上では市区町村が指定する居宅介護支援事業者の介護支援専門員(ケアマネジャー)に困りごとや希望などを伝え、どのサービスをどう利用するか介護サービス計画書(ケアプラン)を作ってもらいます。要支援1、2の場合は介護給付は受けられませんが、地域包括支援センターに相談し、希望する場合は予防給付による介護予防サービスなどを利用することができます。

利用者負担は1割、困窮家庭には軽減も

介護保険の居宅サービスには、家事援助などの訪問系、施設に日帰りで通うデイサービスなどの通所系、短期間施設に泊まるショートステイなどの宿泊系があります。車椅子や介護ベッドなどの福祉用具のレンタル、手すりの取りつけなどの自宅改修費用の補助もあります。

ほかに、施設に入所する施設系・居住系のサービスもあります。

利用者負担は基本的に1割で、一定以上の収入がある場合は2割または3割になります。困窮する家庭に対する軽減措置のほか、利用料が高額になると自己負担の上限月額を超えた分は払い戻されるしくみもあります。

介護保険サービス開始まで

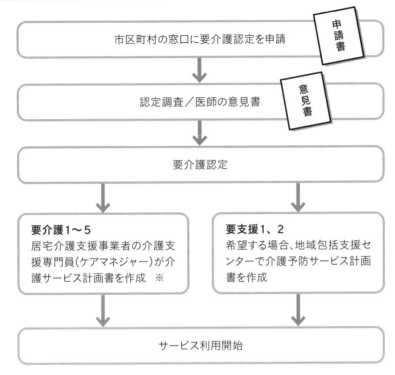

市区町村の窓口に要介護認定を申請

申請書

↓

認定調査／医師の意見書

意見書

↓

要介護認定

↓

要介護1〜5
居宅介護支援事業者の介護支援専門員（ケアマネジャー）が介護サービス計画書を作成　※

要支援1、2
希望する場合、地域包括支援センターで介護予防サービス計画書を作成

↓

サービス利用開始

※訪問系、通所系、宿泊系、福祉用具などを利用する場合。施設に入所する場合は、施設のケアマネジャーが施設サービス計画書を作成する。

高額介護サービス費の負担上限額（世帯）

所得	自己負担上限額
生活保護を受給	15,000円 ※
住民税非課税世帯	24,600円
年収約770万円未満	44,400円
年収約770万〜1,160万円未満	93,000円
年収約1,160万円以上	140,100円

※世帯ではなくサービス利用者本人の負担上限額。

参考：厚生労働省「介護保険の解説　サービスにかかる利用料」

介護保険のサービス

居宅サービス

	名称	内容
自宅に来てもらう【訪問系】	訪問介護 （ホームヘルプ）	入浴、排せつなどの介護、食事の用意、洗濯などの生活援助を行う。
	訪問入浴介護	寝たきりなどで自宅の浴槽が使えない人のために、浴槽を持ち込み入浴の介護を行う。
	訪問看護	看護師が訪問し、健康状態の悪化防止、回復のため看護を行う。
	訪問リハビリテーション	理学療法士、作業療法士などが訪れ、生活能力の向上のためリハビリを行う。
	居宅療養管理指導	通院が難しい場合に医師、歯科医師、看護師などが訪問し、療養上の管理、指導、助言などを行う。
	夜間対応型訪問介護（地）	夜間の定期巡回、希望に応じた随時の訪問看護を行う。
	定期巡回・随時対応型訪問介護看護（地）	訪問介護、訪問看護が一体となり、日中、夜間を通じて定期巡回、随時の対応を行う。
	看護小規模多機能型居宅介護（地）	小規模多機能型居宅介護と訪問看護を組み合わせたサービス。
自宅から通う【通所系】	通所介護 （デイサービス）	日中にデイサービスセンターに通い、食事、入浴などの支援、生活機能訓練などを行う。
	地域密着型通所介護 （小規模デイサービス）（地）	定員18人以下の小規模のデイサービス。
	通所リハビリテーション （デイケア）	介護老人保健施設や病院などで理学療法、作業療法などのリハビリを行う。
	認知症対応型通所介護（地）	認知症の診断を受けた人へのデイサービス。
	小規模多機能型居宅介護（地）	通所を中心に訪問、宿泊を組み合わせ、介護や日常生活の世話、リハビリなどを行う。
施設に泊まる【宿泊系】	短期入所生活介護 （ショートステイ）	特別養護老人ホームなどに短期間入所し、生活上の支援を受け、介護する家族の負担を軽減。
	短期入所療養介護 （ショートステイ）	介護老人保健施設や病院などに短期間入所し、医療や機能訓練、生活上の支援などを受ける。
生活環境を整える	福祉用具貸与	車椅子や介護ベッド、歩行器など福祉用具をレンタル。
	特定福祉用具販売	レンタルが難しい腰掛便座、入浴補助用具などを販売。
	住宅改修	自宅で暮らし続けられるように手すりの取り付け、段差の解消など。改修費用20万円が上限で、1、2割を負担。

施設サービス

名称	内容
介護老人福祉施設 （特別養護老人ホーム）	常時介護が必要で、自宅での生活が困難な人向け。原則として要介護3以上。
介護老人保健施設	在宅復帰に向け、リハビリを中心に看護、介護を行う。
介護医療院	長期にわたる医療と介護を提供。看取りやターミナルケアなども行う。
特定施設入居者生活介護	介護付有料老人ホームなどで入居者に日常生活上の支援を行う。
認知症対応型共同生活介護 （認知症高齢者グループホーム）（地）	認知症の高齢者5〜9人での家庭的な共同生活を支援する。
地域密着型介護老人福祉施設 入所者生活介護 （地）	定員29人以下の特別養護老人ホーム入居者への介護を行う。
地域密着型特定施設 入居者生活介護 （地）	介護保険の指定を受けた定員29人以下の有料老人ホームなどが行う介護。

左側の縦ラベル：自宅から生活の場を移す【施設系・居住系】

（地）は地域密着型サービス。市区町村により内容が異なり、地域の居住者が対象。

対応のヒント

地域包括支援センターには気軽に相談を

　当事者家族が介護サービスの利用に消極的な場合、支援者が地域包括支援センターに相談するのもひとつの方法です。センターは家族はもちろん、高齢者の周囲にいる人たちからの相談にも対応しています。

　専門知識のある職員が、介護に限らず、医療、保健、福祉などの分野から本人と家族をどう総合的にサポートしたらよいか考えてくれます。役所や保健所、医療機関、児童相談所などとも連携し、必要なサービスへとつなぐ役割があります。

障害や病気で日常生活に困難がある兄弟姉妹の世話を子どもがしている

ヤングケアラーのなかには、障害や病気のある兄弟姉妹を懸命に世話して学校生活に支障をきたすケースもあります。兄弟姉妹と家族全体を適切な支援につなげ、ケアラーの負担を軽減することが重要です。

Issue 5 で紹介する項目

未就学児は児童発達支援センターに相談

　障害や病気がある家族が子どもである場合、支援のしくみが大人とは異なることも多くあります。

　大人の障害者と同じように障害者総合支援法にもとづく障害福祉サービスも受けられますが、それに加えて子ども向けの福祉サービスが利用できます。これは児童福祉法に定められた障害児へのサービスで、障害の有無にかかわらずすべての子どもが保育や教育を受け、地域で成長していけるように、さまざまな支援制度があります。

　発達障害のある子どもへの支援については、2章で取り上げました（P26〜37参照）。それ以外の障害についても、基本的に同様のサービスを受けることができます。

　当人が未就学の幼い子である場合、保護者が障害について明確に認識していない可能性もあります。子どもの障害を受容するまでは、さまざまな葛藤を経るといわれています。その点を考慮すると、保護者には子育ての難しさを児童発達支援センターに相談し、受けられるサポートの利用を提案するアプローチが考えられます。

　障害児支援体制の強化に向けて、児童発達支援センターは地域において中核的役割を担うと位置づけられました。障害児の発達支援の入口として相談に対応し、本人、家族などを支援します。

設置が進む医療的ケア児支援センター

　適切な支援は、本人の健やかな成長と能力の発揮につながります。専門家からの支援や助言を得ることは家族にとっても支えとなります。

　近年、新生児医療の進歩により人工呼吸器やたんの吸引、経管栄養などが日常的に必要な医療的ケア児の数が急増しました。家族からの相談対応、教育、障害福祉、医療など関係機関との連絡調整の中心に置かれているのは医療的ケア児支援センターです。2021年に医療的ケア児支援法が施行され、都道府県に開設されていますが、支援体制の整備はまだまだ進んでいないのが現状です。

　また、障害、病気のある子どもや医療的ケア児の兄弟姉妹は「きょうだい児」と呼ばれ、サポートの必要性が浮上しています。

5-1

児童福祉法の通所系サービス、障害福祉サービスなどを提案

ヤングケアラーが自分の時間をもてる

　児童福祉法にもとづく通所系サービスは、子どもが施設に通い、生活能力を向上させる訓練や社会との交流促進などの支援を受けるものです。障害のある小中高生の通所施設として、2章で放課後等デイサービスを紹介しました（P32、33参照）。発達障害以外にも身体障害、知的障害、精神障害、難病などが対象となり、障害者手帳の有無にかかわらず、保健センターや児童相談所、医師などに必要が認められた子どもが利用できます。

　放課後や休日、夏休みなどに支援を受けることで、ヤングケアラーが自分の時間をもつことができるでしょう。保護者の相談にも応じてくれることを伝え、利用を勧めてみるといいでしょう。市区町村が指定する特定相談支援事業者への相談が第一歩となります。

　未就学児の通所先は児童発達支援センターです（P35参照）。やはり診断名や障害者手帳の有無にかかわらず必要が認められると利用できます。

居宅介護などの利用を提案

　児童福祉法にもとづくサービスには訪問系もあり、障害が重度で外出が著しく困難な子どもには自宅を訪問して発達支援を行う居宅訪問型児童発達支援があります。ほかに、保育所や小学校、児童養護施設などを訪問し、集団生活に適応するよう支援を行う保育所等訪問支援もあります。

　Issue4で紹介した障害福祉サービスのうち、訪問系の居宅介護、同行援護、行動援護、重度障害者等包括支援は障害のある子も利用できます（P166参照）。難病患者も疾病による障害の程度により対象になります。治療方法が確立していないなど対象となる疾病は決まっています。サービスの内容を保護者に伝え、市区町村の障害福祉担当部署、または特定相談支援事業者につなぎましょう。

児童福祉法による障害、病気の子どもへの支援

名称	内容	対象
放課後等デイサービス	放課後、週末、夏休みなどの長期休暇中に、生活能力向上のための訓練、社会との交流促進などの支援を継続的に提供。学校と家庭以外の居場所になる。児童福祉法にもとづく通所支援。	小学校、中学校、高校などの学校に通う障害児。身体障害、知的障害、精神障害、難病などで、保健センターや児童相談所、医師などに必要が認められた子ども。障害者手帳の有無は問わない。
児童発達支援センター	未就学児の発達支援を行う。日常生活での基本的な動作の指導、知識技能の付与、集団生活への適応訓練など。通所支援のほか、地域の障害児支援の拠点として障害児と家族、療育施設などを支援。児童福祉法にもとづく通所支援。	保健センターや児童相談所、医師などに必要が認められた未就学の子ども。診断名、障害者手帳の有無は問わない。
居宅訪問型児童発達支援	重度の障害などで外出が著しく困難な子どもの自宅を訪問し、発達支援を行う。児童福祉法にもとづく訪問支援。	重症心身障害児など重度の障害がある子ども。
保育所等訪問支援	保育所、幼稚園、小学校、放課後児童クラブ、乳児院、児童養護施設などを利用中もしくは利用予定の障害児に対し、集団生活に適応するための専門的な支援を提供。児童福祉法にもとづく訪問支援。	左記の施設、学校などに通っているか通う予定であり、専門的支援が必要と認められた障害児。

利用者負担上限

区分	世帯の収入状況	負担上限月額
生活保護	生活保護受給世帯	0円
低所得	市区町村民税非課税世帯	0円
一般1	市区町村民税課税世帯（所得割28万円未満 ※1）	4,600円 ※2
一般2	上記以外	37,200円 ※2

※1　収入がおおむね920万円以下の世帯。
※2　就学前の障害児（満3歳になって初めての4月1日から3年間）のサービス利用は無料。

参考：厚生労働省「障害者福祉：障害児の利用者負担」

179

5-2

障害児が対象の特別児童扶養手当、医療費の助成制度などを紹介する

特別児童扶養手当と障害児福祉手当

　障害や病気がある子どもを育てるにはお金がかかるため、費用をまかなえるように保護者が働きづめになり、元気な子どもがヤングケアラーとなって家庭の内外で世話をする状況に陥っていることもあります。対象になると見られる経済的な支援を受けているか保護者に聞いてみましょう。

　精神または身体の障害児に支給される手当として、特別児童扶養手当があります。保護者などの収入が一定額までなら20歳未満が対象となります。市区町村の窓口に診断書などの必要書類を提出して申請すると、判定医の書類審査によって支給の可否と等級が決まります。

　子どもの障害が重度で、日常生活でつききりで介護しなければならない状態であれば、障害児福祉手当を受給できる可能性もあります。やはり20歳未満が対象で、保護者などの収入が一定の額を超えると支給されません。市区町村の窓口に診断書などを提出し、審査を通ると受給できます。

特定の慢性疾患の医療費助成

　障害の有無にかかわらず、子どもが医療機関を受診した際に支払う医療費については、各自治体が独自に助成制度を実施しています。対象年齢、所得制限、自己負担の有無などは住んでいる地域により異なります。いったん申請して医療証などの交付を受ければ自動的に更新されますが、転居など状況に変化があった際に手続きをしそびれている可能性も否定できません。保護者に医療証などがあるか確かめてください。

　難しい慢性疾患がある場合は、小児慢性特定疾病の医療費助成の概要をチェックしてみてください。小児がんをはじめ、長期にわたり治療費がかかり、高額になる疾病が対象とされ、認定を受けると窓口での支払いが自己負担上限額までとなります（P182参照）。

特別児童扶養手当の概要

対象

- 20歳未満で精神または身体に障害のある子どもを養育している父母などに支給。

- 受給する父母など、またはその配偶者、生計を同じくする扶養義務者の所得が一定額以上であるときは支給されない。

- 等級の目安／1級は療育手帳 A(重度)、身体障害者手帳1、2級。2級は療育手帳 B(重度以外)、身体障害者手帳3級または4級の一部。ただし該当する障害者手帳を取得していても診断書の内容により不支給となる場合もある。障害者手帳を取得していなくとも支給される場合もある。

- 複数の障害がある場合、それぞれの障害が比較的軽度でも支給されることもある。

支給月額

- 1級53,700円。
- 2級35,760円。

障害児福祉手当の概要

対象

- 精神または身体に重度の障害があり、日常生活において常時の介護を必要とする状態にあり、自宅で暮らしている20歳未満の人。

- 障害の程度の目安／おおむね身体障害者手帳1級、および2級の一部、療育手帳 A(重度)および B(それ以外)の一部。またはそれと同等の精神、疾病の障害。障害者手帳を取得していなくとも支給される場合もある。

支給月額

- 15,220円

＊20歳以上では、精神または身体に著しく重度の障害があり、常に特別な介護を必要とする特別障害者に該当する場合、特別障害者手当が支給される。

参考：厚生労働省「特別児童扶養手当・特別障害者手当等」

自治体による子どもの医療費助成

内容

- 就学前の乳幼児、小中学生、以降18歳になる年度末までに区分し、外来、入院に分けて助成している場合が多い。

  (例)東京都は2023年度から高校生まで対象を拡大。23区は各区が助成を上乗せし、保護者の所得に関係なく高校生まで通院、入院が無償。就学までは乳幼児医療証、小中学生は義務教育就学時医療証、18歳になった年度末までは高校生等医療証を交付。

- 薬剤などの容器代、差額ベッド代、オムツ代、診断書などの文書料など保険診療外の医療費、入院時の食事療養標準負担額などは対象外。

- 自治体外の医療機関を受診した場合は、保険診療の自己負担分をいったん支払い、後日、市区町村で払い戻しの手続きをする。

小児慢性特定疾病への助成

対象

- 慢性に経過し、長期にわたり生命を脅かし、症状や治療が生活の質を低下させ、高額な医療費の負担が続く疾病で、一定程度の症状である子ども。

- 悪性新生物、慢性腎疾患、慢性呼吸器疾患、慢性心疾患、内分泌疾患、膠原病、糖尿病、先天性代謝異常、血液疾患、免疫疾患、神経・筋疾患、慢性消化器疾患、染色体または遺伝子変化を伴う症候群、皮膚疾患、骨系統疾患、脈管系疾患の16疾患群の788疾病。

- 原則、18歳未満。

自己負担上限額

所得(夫婦2人子1人世帯の年収の目安)		自己負担限度額(月額)		
		一般	重症※	人工呼吸器等装着者
生活保護		0		0
住民税非課税世帯	低所得Ⅰ(〜80万円)	1,250円		500円
	低所得Ⅱ(80万円超)	2,500円		
一般所得Ⅰ(約200万〜約430万円)		5,000円	2,500円	
一般所得Ⅱ(約430万〜約850万円)		10,000円	5,000円	
上位所得(約850万円〜)		15,000円	10,000円	

※高額な医療が長期的に継続する者(医療保険2割負担で自己負担が月1万円を超える月が年6回以上)、または重症患者基準に適合する者。

出典:厚生労働省「小児慢性特定疾病対策に関する参考資料」

5-3

病気により勉強が遅れがちな
子どもへの学習支援

院内学級と訪問教育

　入院や療養によって学習が中断しがちな子どもの保護者には、学習支援が受けられると話してください。勉強について行けずに進学をあきらめるといった事態を防ぎ、人との交流による心理的サポートも得られます。

　専門的な治療を行う規模の大きい医療機関には、院内学級を整備していることが多くあります。教室、職員室などを設置し、入院中の子どもたちが学習を継続できるように考えられています。大半は小中学生向けで、高校生を対象とする院内学級は少ないのが現状です。

　学校への通学が困難な子どもには、教員を自宅に派遣する在宅訪問、入院している医療機関に派遣する病院訪問という訪問教育の制度があります。

　実際にどの程度利用できるかは、地域やそれぞれの状況によって異なります。教育委員会や教育センターに問い合わせてみるといいでしょう。

対応のヒント

オンラインによる学習支援

　入院中の子どもへの学習支援として、大学生などのボランティア活動もあります。コロナ禍で病棟に立ち入れなくなり、オンラインに切り替えた団体が多く、さまざまな取り組みが全国で広がっています。学習支援のためのアプリなども登場しました。

　学校教育の現場でも病気療養児への遠隔教育は始まっています。原則としては同時双方向型で授業を配信しますが、子どもの状況などにより収録した授業をオンデマンド型で配信した場合も出席扱いとなり、評価に反映される方向に変わってきています。

5-4

医療的ケア児、重度の障害児と家族を支えるレスパイトを提案

医療型短期入所を利用

　医療的ケア児や重度の障害がある子どもの支援体制は、まだ整っていません。国の施策として保育所などでの医療的ケア児の受け入れも推進していますが、看護師の配置や保育士の研修が追いついていません。預け先がほとんどないため、大半は保護者が24時間ケアしています。睡眠不足と疲れが蓄積し、ほかの兄弟姉妹（きょうだい児）に手が回らなくなるので、地域に利用できるサービスがあれば話してみるといいでしょう。

　代表例が、大人同様に利用できる障害福祉サービスの短期入所です（P166参照）。病院などの医療型短期入所施設に介護者の休息などのために預けるレスパイトを利用できます。看護師が常駐し、夜間も含めて医療的ケアを行い、入浴や食事などの介助もあります。

　レスパイトには医療型子どもホスピスという名称も使われます。遊びや学びの時間を設け、家族で宿泊できるなど、さまざまな施設があります。

　ただし、地域により数が少なく、遠方まで移動が必要だったり、対応する医療的ケアが限られていたりする場合もあります。市区町村の障害福祉担当部署、または特定相談支援事業者などに相談してみるといいでしょう。

日中の一時預かり先を探す

　昼間に預けられるサービスを探す場合は、障害者総合支援法にもとづく地域生活支援事業の日中一時支援や、児童福祉法にもとづき重症心身障害児を支援する児童発達支援事業者などを探してみてください。

　また、医療保険による訪問看護のサービスを受けていない場合は、保健所などで相談するといいでしょう。保護者が限界を迎える前に早めにサポートすることが重要です。

医療的ケア児、障害児、難病の子どもの親の会・悩み相談窓口

社会福祉法人　全国重症心身障害児(者)を守る会

1964年の発足、各地に支部がある。「親の会」は重症心身障害児への施策を充実させる運動、親の連携を密にする活動などを展開。重症心身障害の生活上の困難、療育、医療の悩みなどに専門家と連携して応じるネットワーク療育相談室はサイトから申し込みができる。

障がい児及び医療的ケア児を育てる親の会

障害児、難病、医療的ケア児の育児の悩み、仕事と両立させる工夫について情報交換をしたり、企業に対して障害児、医療的ケア児の育児支援制度の創設を働きかけるなどの活動を展開(報道機関で働く父母が多い)。

認定NPO法人　難病のこども支援全国ネットワーク

難病、慢性疾病、障害のある子どもに関する相談に、専門職や自立支援員、ピアサポーターが対応。電話相談、病院での相談受付のほか LINE 相談もある。同じ病と闘う子どもの親同士で交流したり、全国各地でサマーキャンプを行ったりするほか、セミナーなどの啓発活動も行っている。

Sibkoto(シブコト)

障害者の兄弟姉妹のためのサイト。当事者でなければわかりにくい特有の悩みなどについて説明しているほか、会員登録すると特定のテーマのコミュニティで共通点をもつ会員同士が交流できる。

Topic

民間のコミュニティ型子どもホスピス

　重い病気の子どもと家族を対象とした民間のコミュニティ型子どもホスピスが注目されています。英国の子どもホスピスをモデルとして、2016年、日本第一号として誕生したのが、大阪市鶴見区の「TSURUMI こどもホスピス」。続いて2021年には横浜市に「うみとそらのおうち」がオープンしました。医療の場ではないため診療はせず、子どもたちは看護師や保育士らのサポートを受けながら遊んだり、学んだりできます。家族で宿泊することができ、誕生日のパーティ、バーベキューなどを初めて体験する場ともなっています。

　2022年には全国こどもホスピス支援協議会が発足し、各地で施設を運営する団体、開設を計画する団体などが参加し、活動しています。

6

親が働かない状態が続く、明白な理由もないまま求職活動をしていない

保護者が失業してぶらぶらしていたり、社会復帰を口にしながら行動しなかったりする場合、サポートの必要があるでしょう。親への就労支援なしには困窮、家庭不和など問題が大きくなる可能性があります。

Issue 6 で紹介する項目

6-1	雇用保険の失業手当、傷病手当金と労災の受給を確認	→ P188
6-2	手当を受給しながら職業訓練を受けることを提案	→ P190

ハローワークの支援につなげる

　失業して無為に過ごしている保護者には、さりげなく状況を探ることから始めましょう。心身の状態に問題がなく、仕事があれば働けるのであれば、求職活動を始められるように寄り添ってください。

　出産と育児、介護などで離職していた保護者や成人家族も同様です。再就職を口にするのであれば、以前の仕事の内容、これからつきたい職業などを聞き、希望や意欲がもてるようなアプローチを工夫するといいでしょう。

　公的支援の要となるのはハローワーク（公共職業安定所）です。求人情報を提供するだけでなく、それぞれのケースに応じて就職活動を全般的にサポートしてくれます。どんな仕事が向いているかという相談から仕事を探す条件の設定、履歴書や職務経歴書などの添削指導、面接を受ける際の助言、模擬面接まで行っています。

　働こうという意思と能力があり、ハローワークが必要性を認めれば、さまざまな就労支援を受けることができます。希望の仕事につくために、活用できるのだと話してみてください。あまり社会経験がない場合、また病気や障害があって不安な場合などは、窓口に同行することを提案し、サポートするといいでしょう。

生活保障を得てスキルアップする選択肢も

　前の仕事を辞めてからさほど経っていない場合は、失業手当をはじめ受けられる給付金などを得ているか確認する必要もあります。

　そうした生活保障がある期間は、妥協してあまり待遇のよくない仕事につくのではなく、スキルアップするという選択肢もあります。ハローワークでは、技能、技術を身につけるためにハロートレーニング（職業訓練）の提供も行っています。

　以前からあこがれていた職業、興味のある資格などがあるか本人に質問し、ハローワークで相談してみるように話しましょう。さまざまなコースが用意され、希望などに合わせて受講を斡旋してくれます。以前より収入を増やし、安定した職を得る良い機会だと勧めるといいでしょう。

6-1

雇用保険の失業手当、傷病手当金と労災の受給を確認

失業手当はパート勤務でも受給できる

　会社などに勤める人は自動的に雇用保険に加入し、退職後に再就職を望む場合は、次の仕事につくまで生活保障として失業手当を受給できます。

　金額は年齢などで異なり、一般的に1日あたりの基本手当の45〜80％で、収入が低いほど80％に近くなります。給付される期間は、被保険者であった期間と年齢により90〜360日間です。

　さまざまな決まりがありますが、フルタイムの正社員でなくとも週20時間以上、働いていれば加入者です。資格があるのに失業手当を受給していない場合、ハローワークで申請と求職の手続きをするようにサポートしてください。はじめに面談などがあり、失業の認定を受ける必要があります。

退職した原因が病気やケガの場合

　前の仕事を業務外の病気やケガで休み、そのまま復帰できずに辞めていた場合は、健康保険の傷病手当金を申請したか確認してください。欠勤日が3日連続すると4日目以降に支給されます。受給額は給料の3分の2程度で、期間は通算1年6か月までです。

　休んでいる間も傷病手当金の日額より多い給与が払われていた場合は対象外です。傷病手当金は退職後も申請できますが、2年で時効となります。

　業務や通勤によってケガや病気、障害が発生し、退職していた場合は、労働者災害（労災）補償保険を受給しているか確認してください。受け取っていない場合、退職後でも申請はできます。その際、申請書類に事業主の記載や証明が必要な項目があり、会社の協力が得られるか不安になるかもしれませんが、記載がなくとも上申書をつけて申請書を提出することは可能です。療養給付、休業給付は2年、障害給付は5年など、労災の種類によって時効は異なります。

雇用保険の失業手当のポイント

おもな要件

- 季節雇用などではなく週20時間以上働いていた人。
- 原則、離職前の2年間に保険料納付期間が12か月以上ある人(倒産、解雇などの理由による失業では1年間で6か月以上あればOK。パートや時短勤務などでも給与支払いの基礎日数が11日以上ある月は1か月と換算)。
- 就職しようという意思と能力があり、仕事を探しているが就職していない人。
- 病気、育児、介護などで働けない人、すぐには働くつもりがない人は受給できない。
- 障害者手帳を取得している場合、就職困難者として受給の期間、開始までの期間などが手厚くなる(診断書の提出で認められる場合もあり)。

窓口・手続き

- 住んでいる地域を管轄するハローワークが窓口。
- 手続きに必要な離職票が勤めていた会社から届かない場合は会社に確認し、対応してもらえなければハローワークに相談する。

健康保険の傷病手当金のポイント

おもな要件

- 原則、退職するまで健康保険に入っていた期間が継続して1年以上あること。
- 業務外の病気やケガで3日以上連続して欠勤し、退職した後も同じ傷病での療養が続いている場合、退職後も申請ができる(退職日に挨拶や片付けに職場に行くと出勤とみなされ、受給できなくなる)。

窓口・手続き

- 全国健康保険協会(協会けんぽ)では各都道府県支部。同協会サイトを参照。

労働者災害(労災)補償保険のポイント

おもな要件

- ケガや病気、死亡が、業務、通勤によるものと認定されたとき(セクハラ、パワハラ、過労死、過労自殺などが労災と判断される場合もある)。
- パート、アルバイトなどの雇用形態にかかわらず働く人が対象。

窓口・手続き

- 医療機関を受診する際、健康保険を使った場合は、労災保険への切り替えが必要になる。
- 相談窓口は住んでいる地域の労働基準監督署。

6-2

手当を受給しながら
職業訓練を受けることを提案

キャリアアップの道を開くハロートレーニング

ハローワークに求職の申し込みを行い、相談の結果、必要があると認められた場合、ハロートレーニング（職業訓練）を受けることができます。

訓練を実施するのは、各地の職業能力開発促進センター（ポリテクセンター）、都道府県の職業能力開発校、都道府県が委託した民間の教育訓練機関などです。介護系、情報系、医療事務系、ものづくり分野など多彩なカリキュラムがあり、費用はテキスト代などの実費1、2万円程度です。

本人にキャリアアップをして働きたいという強い意欲がある場合、無料でスキルや知識を得られる良い機会だと話してみてください。資格取得につながるコースもあり、どんな分野のどんな仕事につきたいのか、話し合って希望を具体化しておくとハローワークでの相談に役立ちます。

月10万円の受講手当の制度もある

雇用保険の失業手当を受給している人をおもな対象としているのが、公共職業訓練という制度の離職者向けコースです。生活保障がある間に訓練を受けることができます。

失業手当がない人には、求職者支援訓練の制度があります。2～6か月の訓練を受ける間、月10万円の受講手当などの給付があり、家計のサポートが得られます。対象は、失業手当の給付期間が過ぎても次の職につけずにいる人、前職が公務員や自営業、フリーランスなど雇用保険に入れず、失業手当の支給がない人など、さまざまです。学校を中退または卒業してから働いたことがない人、出産、子育て、介護などで離職し、しばらく働いていない人なども含まれます。

求職者支援では民間の訓練機関などの訓練コースを厚生労働大臣がコースごとに認定し、公共職業訓練の訓練コースも受講対象に含まれます。

公共職業訓練の概要

対象

おもに雇用保険の失業手当受給者。ハローワークで相談し、訓練が必要と認められた人。

訓練期間

おおむね3か月〜2年。

手当など

基本手当(失業手当)＋受講手当(500円／訓練日)＋通所手当(交通費、上限あり)＋寄宿手当(寄宿する場合。1万700円／月)を支給。

＊ハローワークの所長が訓練の受講を指示した場合、失業手当は所定給付日数を過ぎても訓練修了日まで支給される。

訓練コース／関連資格の例

- **介護サービス科**

介護職員初任者研修、介護事務管理士、介護福祉士実務者研修。

- **OA事務科**

簿記検定、表計算検定、ワープロ検定、計算実務検定、社会人常識マナー検定。

- **医療事務科**

医療事務認定実務者試験、表計算検定、ワープロ検定。

- **電気設備技術科**

第二種電気工事士、第一種電気工事士、消防設備士。

- **生産設備メンテナンス科**

技能検定(電気職種)、第二種電気工事士。

- **工場管理技術科 (電気保全)**

第二種電気工事士、消防設備士、品質管理検定(QC検定)、中小企業診断士(経営管理)。

- **組込みソフトウェア科**

ITパスポート、基本情報技術者、LinuCレベル1、LPICレベル1。

- **スマート情報システム科**

基本情報技術者、ウェブデザイン技能検定、CCNA、OSS-DB Silver。

- **ICTエンジニア科**

ITパスポート、基本情報技術者、LPICレベル1、CCNA。

参考：厚生労働省「スキルアップで就職力アップ　公共職業訓練」

求職者支援訓練の概要

対象

おもに失業手当を受給できない人。ハローワークで相談し、訓練が必要と認められた人。

訓練期間

2〜6か月。

手当など

受講手当(10万円／月)＋通所手当(交通費、上限あり)＋寄宿手当(寄宿する場合。1万700円／月)を支給

＊本人の収入が月8万円以下、世帯収入が月30万円以下など、一定の要件を満たす場合。対象外でも一定の要件を満たせば通所手当のみ受給可能。

訓練コースの例

・基礎コース

社会人としての基礎的能力を習得する訓練。

・実戦コース

基礎的能力から実践的能力まで一括して習得する訓練。希望職種に求められる実践的な技能など(介護福祉サービス科など介護系、ソフトウェアプログラマー養成科など情報系、医療・調剤事務科など医療事務系ほか)

参考：東京労働局「ハロートレーニング(職業訓練)について」

対応のヒント

小さい子がいる人の求職活動のサポート

保護者が退職すると、認可保育所は自治体により2、3か月で退所となります。そうなると仕事を探そうにも預け先がない、民間のサービスを頼むとお金がかかるといった問題が発生します。

保護者が失業手当を受給し、ハローワークに通っている場合、求職活動関係役務利用費について情報提供してください。面接や筆記試験のために認可保育所、認可幼稚園、認定こども園の保育、一時預かり事業などを利用した場合、費用の一部が支給される制度です。ハロートレーニングなどの教育訓練も支給の対象となります。

本人が負担した利用費の80％が支給され、1日あたりの上限は6,400円、日数の上限は面接などで15日、訓練受講では60日です。細かい規定がありますから、まずはハローワークで相談できると話しましょう。

Topic 就職氷河期世代へのサポート

　保護者のなかには、就職氷河期世代で思うような就職ができず、不安定な雇用形態で転職を繰り返したり、働かない状態に陥ったりした人も少なくないでしょう。深刻な問題への対策として、政府は就職氷河期世代活躍支援を実施しています。正社員としての就職や、さまざまな形での社会参加がかなうように支援するものです。おもな内容は以下のとおりです。

①安定就職に向けた支援

　不安定な就労状態にある人が利用できる就職氷河期世代専用窓口をハローワークに設置。希望する職業につくための職業訓練、状況に合ったセミナーなどが受けられます。業務経験不問の求人などとマッチングし、正社員化をサポートしています。就職後も定着支援が行われます。

②就職実現に向けた基盤整備

　対象は何らかの理由で仕事をしていない人。地域若者サポートステーションにおいて、就職のための準備から職場定着・ステップアップまで継続的にサポートを提供しています。

③社会参加に向けたプログラム

　ひきこもりの状態にある人が対象。専門的な相談窓口のひきこもり地域支援センター、生活全般の身近な窓口の自立相談支援機関などと連携し、就労に限定せず社会参加ができるように支援を行っています。

Issue 7

保護者のケガが多い、あざ、傷など暴行を受けた形跡が見て取れる

子どもの母親などの大ケガ、顔や身体のあざ、傷などが「転んだ」「階段から落ちた」といった説明と合わない場合、DV被害が疑われます。母子の安全確保を第一に話を聞いて支援につなぐ必要があります。

Issue 7 で紹介する項目

夫婦間でも暴力は犯罪

　配偶者による暴力はDV（ドメスティック・バイオレンス）にあたります。昔からありましたが、夫婦間でも重大な人権侵害で犯罪であることが、ようやく認識されるようになってきました。内閣府の調査では、女性の4人に1人程度に被害の経験があり、その4割は子どものことや経済的な不安から別れたくとも別れなかったと答えています。

　妻への暴力の背景には男尊女卑の偏った考えがあり、社会的な男女格差の是正、意識改革のためにさまざまな取り組みが進められています。被害者支援については、配偶者からの暴力の防止及び被害者の保護に関する法律（通称・配偶者暴力防止法、DV防止法）の改正が重ねられ、保護命令制度も拡充されました。避難後の生活を見通せるように、住居、経済面、就業など各分野の自立支援施策が行われています。

配偶者暴力相談支援センターが中心となり支援

　被害者支援の中心となるのは、都道府県または市区町村に設置されている配偶者暴力相談支援センターです。相談または相談機関の紹介、カウンセリング、情報提供や援助などの機能を担っています。

　被害者の身体と命に危険があり、緊急性が高いと判断された場合は、同センターが本人と子どもの安全を確保し、一時保護施設への入所を調整し、自立支援につないでいきます。そのために、警察、福祉事務所、児童相談所、女性相談支援センター（旧・婦人相談所）、民間団体などと連携し、被害者が必要とするサポートを行います。

　DV被害を疑ったときは、本人と子どもに配偶者暴力相談支援センターの存在を知らせ、相談に同行する対応が考えられます。加害者に逆恨みされることもあるため、単独で解決にあたろうとするのではなく、組織的な対応に橋渡しをしてください。課題は幅広い分野にわたり、全般的に状況を把握したうえで関係機関と連携し、継続して支援を行う必要があります。加害者はもちろん、外部に個人情報がもれないように徹底したプライバシーの保護に配慮することも重要です。

　いうまでもなく被害者親子の安全の確保が最優先ですから、緊急時はためらわず警察に通報することです。

7-1

DVの形態や被害者心理の基本を知っておく

精神的、性的なDVもある

　DVは配偶者やパートナーからの暴力であり、法律上の婚姻関係にあるかは問いません。事実婚、同居する交際相手、また元配偶者、元交際相手も含まれます。身体的暴力に加え、暴言や脅し、生活費を渡さないなどの精神的なもの、性行為を強要する性的なものもDVと見なされます（右図参照）。いくつかが重複して行われることも多く見られます。

　加害者に一定のタイプはなく、外部の人が見てわかるものではありません。社会的な地位も信用もあり、外面の良い人が家庭内では暴君になることもあり、DVが発覚しにくいひとつの理由となっています。加害者は圧倒的に男性ですが、女性の場合もあります。アルコールや薬物の影響、精神障害などが関係しているケースもあります。

身体的ダメージに加えPTSDも起こる

　あざや傷跡からDVの可能性を疑い、話を聞こうとしても、すぐに被害状況を明かしてくれることは少ないでしょう。身体的なダメージに加え、PTSD（心的外傷後ストレス障害）など精神的ダメージも起こり、それはDVを目の当たりにする子どもも同様です。トラウマとなるほか、暴力を問題解決の手段として学習するおそれがあり、早期の支援が求められます。

　親子が安心できる環境で話を聞き、被害を否定され、支援を断られても、配偶者暴力相談支援センターに相談できることは知らせてください。

　なぜ救いを求めず、逃げないのかを理解することも必要です。子どもの教育や環境、経済的不安だけでなく、逃げたら殺されるとの強い恐怖、どうせ自分には何もできないとの無力感にとらわれていることもあります。加害者はイライラが爆発して暴力をふるった後、一転して反省し、優しくなることも多く、離れられずにいる一因ともなっています。

配偶者暴力相談支援センター

都道府県の女性相談支援センター（旧・婦人相談所）、女性センター、福祉事務所、または市区町村の施設に置かれ、女性相談支援員が無料で相談に対応。

全国共通ダイヤル♯8008（はれれば）
（最寄りの配偶者暴力相談支援センターにつながる）

DVの形態 ※1

形　態	具体例
身体的な暴力	**直接、何らかの物理的な力を行使するもの。** 平手でうつ。　　　　　　　足でける。 げんこつでなぐる。　　　　髪を引っぱる。 首を絞める。　　　　　　　腕をねじる。 引きずりまわす。　　　　　物を投げつける。 身体を傷つける可能性のあるものでなぐる。 刃物などの凶器を身体につきつける。
精神的なDV ※2	**心ない言動などにより、相手の心を傷つけるもの。** 大声でどなる。　　　　　　無視して口をきかない。 生活費を渡さない。　　　　子どもに危害を加えると脅す。 人の前でバカにしたり、命令口調でものを言ったりする。 大切なものを壊したり、捨てたりする。 「誰のおかげで生活できるんだ」などと言う。 実家や友人とのつき合いを制限、電話などを細かくチェックする。 外で働くなと言ったり、仕事を辞めさせたりする。
性的なDV	**性的行為に関わるもの。** 中絶を強要する。　　　　　避妊に協力しない。 見たくないのにポルノビデオやポルノ雑誌を見せる。 いやがっているのに性行為を強要する。

※1　何種類か重複することが多くある。複数の形態に該当する行為もある。すべてが配偶者暴力防止法第1条の「配偶者からの暴力」に該当するとは限らない。
※2　生活費を渡さない、もしくは仕事を制限するといった行為は、「経済的なDV」と分類される場合もある。

資料：内閣府男女共同参画局「配偶者からの暴力被害者支援情報　ドメスティック・バイオレンス（DV）とは」

7-2

被害者と子どもの一時保護から
生活再建、自立支援へ

シェルターでの一時保護

　配偶者暴力相談支援センターによるDV被害者と子どもの一時保護は、女性相談支援センター（旧・婦人相談所）、または女性相談支援センターが委託した民間団体が運営するシェルターなどが行います。期間は2週間くらいで施設により異なり、自治体の運営であれば費用はかかりません。

　シェルターは加害者が探してもわからないように住所を非公開としています。入所している間に、その後の生活について相談することができます。着の身着のまま避難することも多く、本人の不安を軽減するために生活再建のサポートがあることを知らせることが重要です。

　その後の生活拠点としては、女性自立支援施設（旧・婦人保護施設）や母子生活支援施設などが考えられます。窓口は福祉事務所で、生活保護の受給などと合わせて相談することができます。

各種の手続きと注意点

　行政の手続きや子どもの転校には、転出届と転入届、同じ市区町村なら転居届を出して住民票を移す必要があります。その際、所在が加害者にわからないように、住民票や戸籍の閲覧交付制限の措置を申し出ます。期間は原則、申し出から1年間で、延長する場合は期間内に延長を申し出ます。

　児童手当（P140参照）のほか、ひとり親家庭への児童扶養手当（P152参照）など受給できるものは確実に受けられるように支援してください。

　一方、警察には加害者が行方不明届を出しても受理されないように、不受理措置を申し出ます。子どもの転校については、配偶者暴力相談支援センターが教育委員会と連携し、情報がもれないように手続きを進めます。

　就業支援についてはハローワークに相談しますが、母子家庭等就業・自立支援センター（P150参照）を利用することもできます。

一時保護

民間シェルター

- NPO法人、社会福祉法人など民間の団体が運営。
- DV被害者が緊急一時的に避難できる。
- 一時保護に加え、相談への対応、自立支援などを行う。

住居の確保

女性自立支援施設

- DV被害、家庭の破綻、困窮などにより生活に困難を抱える女性を保護。
- 医学的または心理学的な援助、自立促進のための生活支援、子どもの学習・生活支援、退所者への支援などを行う。
- 問い合わせ先は女性相談支援センター。

母子生活支援施設

- 母子を保護し、自立に向けて生活を支援、退所者への援助も行う。
- 対象は18歳未満の子どもとその保護者（子どもが満20歳まで在所可能）。
- 自立促進のため、それぞれの状況に応じて就労、家庭生活、子どもの教育に関する相談、助言などの支援を行う。
- 問い合わせ先は福祉事務所。

＊ほかに公営住宅への優先入居、住宅セーフティネット制度（P208、209）なども利用できる。

対応のヒント

マイナンバーカードと医療機関の受診

　マイナンバーカードを自宅に置いて避難した場合、加害者が情報を閲覧できないようにカードの利用停止手続きを行う必要があります。加害者をマイナンバーカードの代理人に設定している場合は、マイナポータルから代理人の解除を行うことも必要です。

　新たに国民健康保険などに加入するまでの間、医療機関を受診する際は、無料または低額の料金になる無料低額診療事業を活用できますが、実施している施設は全国で約700と限られているのが現状です。

7-3

保護命令、離婚手続きなど 法的手続きをとることを検討

保護命令で加害者の接近を禁じる

　DV被害者と子どもの身の安全を継続して確保するために、加害者が接触して来ないように法的手続きをとることを検討してください。

　配偶者暴力防止法の改正により2024年度から保護命令制度が拡充され、違反が厳罰化されます。DV被害者が裁判所に申し立てることで、加害者が被害者と子ども、親族などに接近したり、電話をかけたりすることを禁止する命令が出る制度です。住居からの退去などを命令する制度もあります。申し立てにあたっては、あらかじめ配偶者暴力相談支援センターまたは警察でDVの相談を行う必要があります。相談した事実を保護命令申立書に記載しなければならないためです。

　ほかに、警察に相談し、ストーカー規制法にもとづく警告、禁止命令などの措置をとる方法もあります。

離婚の相談は法テラスへ

　法的手続きのために弁護士が必要になった場合は、法テラス（日本司法支援センター）のDV等被害者法律相談援助の制度を利用してください。民事、刑事を問わず予約によって面談で相談でき、資産が一定基準以下であれば相談費用の負担はありません。

　離婚については、話し合いによる協議離婚が難しい場合、家庭裁判所に調停離婚を申し立てます。そこで話し合いが成立しなければ家庭裁判所に離婚を求める訴訟を起こします。裁判所に行く際は、加害者と会わずにすむよう配慮を求めることができます。

　法テラスへの相談でその分野に強い弁護士の紹介を受けることができます。弁護士費用は、犯罪被害者と子どもを対象にした日弁連委託援助、月々5,000円、1万円など分割で支払う民事法律扶助の制度を利用できます。

保護命令の枠組みと特徴 ※

申し立てができる被害者

- 身体的な暴力を受けた人。
- 生命・身体に対する脅迫を受けた人。
- 自由、名誉または財産に対する脅迫を受けた人。

発令要件

- さらなる身体への暴力、または生命・身体・自由などに対する脅迫により心身に重大な危害を受けるおそれが大きいとき。

おもな内容

1年間の被害者への接近禁止命令

- 被害者につきまとったり、住居や勤務先などの付近を徘徊することを禁止する。

1年間の被害者の子への接近禁止命令

- 子どもにつきまとったり、住居や学校などの付近を徘徊することを禁止する。

1年間の被害者の子への電話等禁止命令

- 行動監視の告知、著しく乱暴な言動、無言電話、緊急時以外の連続した電話、文書、メール、SNSなどの送信、深夜早朝の電話、名誉を害する告知、性的羞恥心を害する電磁的記録の送信、GPSによる位置情報取得などを禁止。

手続き

- 事前に配偶者暴力相談支援センターまたは警察にDVの相談を行う(相談しない場合、公証人役場で被害者がDV被害の供述を記載し、供述が真実であると宣誓した宣誓供述書を作成、添付する必要がある)。
- 相談したDVの内容などを保護命令申立書に記載する。
- そのほかの裁判所への提出書類は、加害者と婚姻関係にあるか、DV被害の形態、子ども、親族などへの接近禁止命令を申し立てるか否かで異なる。

※2024年度施行となる配偶者暴力防止法改正後の内容。

参考:内閣府男女共同参画局「保護命令制度に関するパンフレット」

ストーカー規制法にもとづく警告、禁止命令の概要

- つきまといなどを反復して行うストーカー行為などを規制し、被害者の身体、自由および名誉に対する危害の発生を防止する。
- 警察は被害者などから申し出を受け、加害者につきまといやストーカー行為を働かないよう警告する。
- 加害者が警告を無視したり、法的措置をとる場合は、公安委員会による禁止命令を出す。
- 禁止命令の期間は1年間。危険な状態が続いている場合、更新が可能。
- 禁止命令に違反してストーカー行為をすると2年以下の懲役または200万円以下の罰金。
- そのほか、禁止命令などに違反すると6か月以下の懲役または50万円以下の罰金。

法的手続きの相談先

法テラス（日本司法支援センター）DV等被害者法律相談援助

【対象】

- DV、ストーカー、児童虐待の被害者（被害を受けるおそれのある人を含む）。

【内容】

- 今後の被害を防ぐための民事、刑事を問わない法律相談。予約制の面談形式（電話・オンライン相談が可能な場合もあり）。
- 処分可能な現金・預貯金の合計額が300万円以下の場合（加害者が管理し、自由に使えない資産は含まない）、相談費用は無料。
- 資産基準を超える場合、相談料は5,500円。
- 問い合わせは **法テラス犯罪被害者支援ダイヤル【0120-079714】**

警察相談専用電話＃9110

【対象】

- DV、ストーカーなど警察に相談したいことがある人。

【内容】

- 都道府県警察の本部に設けられた相談対応の総合窓口につながる。
- 相談内容に応じて関係部署が連携して対応し、被害者への助言、加害者への指導警告などによる被害発生の防止などを行う。
- 刑罰法令に抵触する事案は、被害者の意思を踏まえて検挙に向けて捜査する。

7-4

同居を続ける加害者に
更生プログラムへの参加を提案

妻子の心身の安全確保と夫の意欲が前提

　DV被害者、加害者の関係性と状況、それぞれの思いや考えはさまざまです。被害者が同居を続けながら問題の改善をはかりたいと望む場合、加害者に更生プログラムへの参加を提案する方法もあります。

　更生プログラムは加害男性に働きかけ、男尊女卑、自分本位の歪んだ考えや行動パターンを修正し、暴力の再発を防ぐものです。欧米では広く行われていますが、日本では内閣府が複数の自治体で試行的に実施し、理解の促進と全国的な展開に向けた取り組みを進めている段階です。

　NPO法人、一般社団法人などによるプログラムは行われているので、住んでいる地域で参加できるものを探してみるのもいいでしょう。いうまでもなく被害者と子どもの安全の確保を第一として入念に見守る必要があり、加害者自身の変わろうとする意欲や動機づけが不可欠です。

更生プログラムの例 ＊特定非営利活動法人RRP研究会の例

内容

カナダのブリティッシュ・コロンビア州の基準「Respectful Relationship Program（尊重しあえる関係のためのプログラム）」をモデルに、加害者を対象として認知行動療法などを取り入れた心理教育を行う。コミュニケーションのとり方、技術などを学ぶ。

- 尊重しあえるコミュニケーションとは
- 家庭の中の暴力
- 感情と気分
- 尊重しあえるコミュニケーションをはかる方法　など

日程

週1回、各回2時間、全18回で1クール

Issue 8

家賃の滞納が続いている、立ち退きにあっている、住むところがない

子どもから「ウチを追い出されそう」と聞いたり、保護者から身を寄せるところがないと打ち明けられたりした場合、住まいの問題に確実に対処できるように早めのサポートが重要です。

Issue 8 で紹介する項目

自立相談支援事業所が窓口

世間体や恥ずかしさなどでSOSを出せずにいるうちに、住まいを失ってしまう状況は起こりえます。次の住まいが見つからず困っている段階の人もいれば、子どもを連れて親戚や友人の家を転々としたり、お金が尽きるまで安宿に泊まったりしている人もいるでしょう。

コロナ禍では公園の炊き出しに子どもを連れて並ぶ女性が増え、現状の厳しさが注目されました。

住まいに困っている場合、第一に活用を考えたいのが本章Issue1で紹介した生活困窮者自立支援の制度です（P142参照）。自立相談支援事業所が窓口になり、困っている人の相談を受けた支援員がどのように支援するか具体的なプランを作成します。

ただし、窓口の名称などは地域により異なり、市区町村の役所内にあったり、社会福祉協議会やNPO法人などの委託先が運営していたりとさまざまです。確実に支援につなげるためには、地域の窓口を調べ、自立相談に同行するのがベストでしょう。

ホームレスの親子を保護につなげる

すでにホームレスの状況に陥っている場合も、一定の期間、宿泊場所や食事、生活に必要なサービスなどの提供を受け、住居と仕事を見つける支援を得ることで自立に向けた歩みを進められます。

生計をたてるために、やはり本章Issue1で紹介した生活保護を受給（P144参照）しながら、生活再建を目指す方法もあります。

生活困窮者自立支援制度による支援の内容は都道府県、市区町村などにより異なりますが、民間団体によるホームレス支援活動も全国的に広がっており、民間のシェルターなども設置されています。

一度、住まいを失ってしまうと、敷金、礼金など賃貸住宅の初期費用を工面し、保証会社の審査に通るのは非常に困難です。行政、福祉などの関係機関に親子の窮状について相談し、まずは保護を受けられるように道筋をつけましょう。

8-1

状況に応じて家賃の補助、宿泊施設などの支援を紹介する

住居を確保し、自立をサポート

家賃の支払いに困っている保護者には、生活困窮者自立支援制度の住居確保給付金（P142参照）を紹介してください。上限までなら家賃の額が支給されますから、受給の要件に該当しているか、利用の可能性についてまずは保護者と話をするところから始めましょう。

困窮して住居を失う間際の保護者に加え、ネットカフェや終夜営業の飲食店、知人宅などで夜間を過ごしている親子は、一時生活支援を受けられる可能性もあります。地域による違いもありますが、住まいがなく、収入などが一定水準以下の場合、原則3か月、宿泊場所や衣食の提供などが行われるものです。その間に仕事について自立できるようにするサポートが各機関の連携により行われます。

第一に応急的な住まいを確保し、社会福祉サービスの利用などで生活を立て直し、腰を落ち着けられる住居で再出発というのが支援の流れです。

ひとり親に特化した支援も活用

ひとり親家庭である場合は、本章Issue2で紹介した支援が受けられます。母子生活支援施設への入所、家賃を無利子で1年間借りられるひとり親家庭住宅支援資金貸付などの制度があります（P148参照）。

まず母子・父子自立支援員に生活全般の困りごと、悩みを相談できるようにサポートしてください。住まいを失う前の段階で早く支援につなぎ、子どもへの影響を軽減することが大切です。

ホームレス状態にある場合、救護施設や宿所提供施設などの保護施設がセーフティネットとされています。無料低額宿泊所もありますが、貧困ビジネスの温床と問題視され、改善が進められています。

住まいの困りごとに限定した相談窓口の利用も考えられます。

住まいの相談窓口

すまこま。
【対象】
生活が苦しく、「家を追い出されそう」「家がない」など住まいに困っている人。

【内容】
厚生労働省が2021年に開設したサイト。電話、メールなどで相談を受け、地域の窓口につなぐ。全国の相談窓口が掲載され、近くの窓口の検索もできる。「行くところがない」「家賃が払えない」「入居できる物件がない」など状況別に支援制度を紹介している。

ChanKanプロジェクト
【対象】
住む場所に困っている日本人若年層（18〜39歳）と外国人、外国籍の人。

【内容】
一般社団法人社会的包摂サポートセンターが一時的な滞在先を支援。メールでの相談に対応。英語、中国語、タイ語、スペイン語、ポルトガル語、韓国朝鮮語、タガログ語、インドネシア語、ベトナム語、ネパール語の通訳支援あり。

対応のヒント

『路上脱出・生活SOSガイド』の配布

　ホームレスらしき親子を見かけて声をかけても、支援を辞退されることがあります。「相談先や支援の情報提供ができれば」と考えたときに活用できるのが、ビッグイシュー基金の『路上脱出・生活SOSガイド』です。「ビッグイシュー」といえば、ホームレスの人々が路上で雑誌を販売し、収入を得るしくみがよく知られています。

　このガイドは、食事や宿泊場所、仕事、体調などで困ったときに役立つ情報や悩みの相談窓口などを網羅。路上生活を生きのび、自立するために必要な情報を一冊にまとめ、ホームレス全員に無料配布するプロジェクトで、東京編、大阪編をはじめ札幌、名古屋、福岡、熊本などでも作成されました。同基金のサイトから必要冊数を請求するか、PDFをダウンロードして印刷することができます。

8-2

低所得など入居が難しい世帯には住宅セーフティネット制度を検討

数が限定されるが専用住宅なら家賃軽減もあり

　住まいについては、国の住宅セーフティネット制度の住宅確保要配慮者向け賃貸住宅という選択肢もあります。制度の背景には、ひとり親世帯や低所得者、障害者、高齢者などが家主に入居を断られる問題があります。一方では空き家、空き室が増えており、住宅セーフティネット法が定められ、要配慮者の入居を拒まない賃貸住宅の登録制度が生まれました。

　しくみとしては、家主が都道府県などに要配慮者向け賃貸住宅を登録し、登録情報を見た要配慮者が入居の申し込みをします。対象には、低所得者のほか子育て世帯、外国籍の人なども含まれます（右図参照）。

　低所得世帯には住み替え費用の最大10万円の補助があり、家賃滞納に備えての家賃債務保証料の軽減などもあります。要配慮者のみが入居する専用住宅は数が限られますが、家賃の軽減があります。

　生活保護受給者の場合は、生活保護で支給される住宅扶助費などが直接、家主に支払われる代理納付制度が原則として用いられます。

　また、都道府県の指定を受けた要配慮者の居住支援法人が、入居時の相談から入居後の見守りなどの生活支援を行っており、必要に応じてこうしたサービスの利用まで含めて検討してみるといいでしょう。

専用サイトで物件を検索できる

　登録された賃貸住宅は専用サイトに掲載され、検索できるようになっています。どのような物件があるか地域の情報を確認してみるといいでしょう。一般的なアパート、マンションのほか、共同居住型住宅、いわゆるシェアハウスなどの形態もあります。

　居住支援法人や都道府県などにある居住支援協議会に問い合わせ、課題を抱えている世帯について相談してみる方法も考えられます。

208

住宅セーフティネット制度の概要

要配慮者に含まれる子育て家庭

- 低所得者（公営住宅法の算定方式による月収が15万8,000円以下の世帯）。
- 子育て世帯（18歳未満の子どもがいる世帯）。
- 障害者のいる世帯。
- そのほか、外国籍の人、児童虐待、DV、犯罪などの被害者、矯正施設退所者など住宅の確保にとくに配慮が必要な人。

  ※都道府県などにより対象を追加している場合もある。家主が入居を拒まない範囲を限定できるため、物件により対象者が異なる。

登録住宅

- アパート、マンション、共同居住型住宅（シェアハウス）など。
- 耐震性を有し、床面積が25㎡以上など一定の登録基準がある（シェアハウスは専用居室9㎡以上などの基準あり）。

  ※都道府県により基準が強化または緩和されている場合がある。

専用住宅のメリット・デメリット

- 入居者を要配慮者のみとする専用住宅は家賃の軽減がある（相場より軽減した差額について家主は国と自治体から月最大4万円の補助を受ける）。
- 登録戸数85万戸弱のうち専用住宅は約5,300戸と1%未満。

要配慮者居住支援法人の支援内容

- 入居前の相談、物件や不動産業者の紹介、内覧同行など。
- 入居後の定期または随時の訪問による見守り、安否確認、緊急対応など。
- 少数だが、金銭管理、家事支援、就労支援などを行う支援法人もある。

物件情報・相談窓口

- 住宅確保要配慮者円滑入居賃貸住宅専用の検索・閲覧・申請サイト「セーフティネット住宅 情報提供システム」（一般社団法人すまいづくりまちづくりセンター連合会）。
- 都道府県または市区町村の居住支援協議会（自治体の住宅・福祉局部、不動産関係団体、居住支援法人などが連携して構成）。

参考：国土交通省「住宅セーフティネット制度活用Q&A集」「住宅セーフティネット制度の現状について」

子どもをどう育てればいいか わからない、世話をするのが 難しくて追い込まれている

保護者が子育てに大変な困難を感じていて、心理的にも社会的にも追い込まれると良い方向には進みません。保護者を適切な支援につなぎ、社会全体で子どもを育むように考えることが求められます。

Issue **9** で紹介する項目

家庭に近い環境での養育が重要

　子育てが困難な家庭に必要なのは、社会的養護です。社会的養護とは、保護者から適切な養育を受けられない子どもを公的責任で社会的に保護養育するとともに、養育に困難を抱える家庭に対して支援を行うことをいいます。何より子どもの最善の利益をはかることが重要であり、その対象は現在、約4万2,000人に上ります。

　2016年児童福祉法等改正により、家庭と同様の環境における養育の推進が国と自治体の責務とされました。原則として家庭での養育が第一ですが、それが困難または適当でない場合、第二の選択肢は養子縁組、里親やファミリーホームの家庭養護です。家庭と同様の養育環境で継続的に育てられるような措置をとると定められ、とくに就学前の乳幼児は第二の措置を原則とするとされています。

　児童養護施設や乳児院などの施設は、第三の選択肢です。第二の養育が適当でない場合に、できる限り小規模で良好な家庭的環境で養育されるように必要な措置をとるとされています。

　現実には、社会的養護が必要な子どもの約8割は施設に入所しています。家庭での子育てが困難な子どもは行政の権限により保護され、施設に入所させるものだと思っている人も多いでしょう。行政、保健、教育、福祉など各分野の連携のなかで変化を感じるようになるには時間がかかるでしょうが、個々の状況に応じた親子への支援と、施設を小規模化して家庭的な環境に近づける取り組みが進められています。

強化される保護者への支援

　第一に挙げられる家庭での養育を続けられるように、保護者に対しては精神的なケアや親子関係の形成・修復を行うプログラムなど最大限の支援を行うとされています。

　これまでも地域における子育て支援事業は行われてきましたが、十分に活用されず、子育てが困難な世帯の問題はますます注視されるようになりました。こうしたことから、2022年に児童福祉法等の一部改正が成立、2024年度に施行され、子育て世帯への包括的な支援体制の強化、支援を行う基盤の整備などが推し進められます。

9-1

保育所、幼稚園などでの
一時預かり事業を利用し負担軽減

多くは保育所で預かる一般型

　家庭での乳幼児の世話が一時的に難しくなった場合、地域子ども・子育て支援事業のひとつとして市区町村が行う一時預かり事業が役立ちます。普及に向けて従来のしくみが見直され、新たに4形態に再編されました。

　日頃は保育所や幼稚園に通っていない子どもを預けられるのが、もっともポピュラーな一般型です。保育所や地域子育て支援拠点などで子どもを預かり、保育を行います。

　ふだんから幼稚園、認定こども園に通っている子どもを、時間外に預かるのが幼稚園型です。通常の時間帯の前後や土曜日、夏休み、冬休みなどに預かることで、保護者が安心して仕事などをすることができます。

　3つめの余裕活用型は、保育所などで子どもの数に余裕があるときに定員の範囲内で一時預かりを行うものです。待機児童である場合など、一時的にでも預けることで保護者が仕事や用事などをできます。

　4つめの訪問型は、子どもの自宅を訪問して一時的に保育を行うという形態をとります。

リフレッシュなどで利用できるか確認を

　この一時預かり事業は一般的に、保護者の通院、冠婚葬祭のほか、買い物や習い事、リフレッシュ、育児疲れなどで利用できます。自分の時間がとれず休めないストレスなどを軽減できる制度があると伝えましょう。

　ただし、市区町村また施設によって利用する理由が就労や通院などに限定されていることもあります。あらかじめ住んでいる地域の状況を確認したうえで保護者に話をもちかけるといいでしょう。

　費用の自己負担は平均すると1時間300 ～ 400円程度です。やはり市区町村により異なります。

一時預かり事業の概要

4つの形態

一般型

対象は日頃、保育所や幼稚園に通っていない乳幼児。保育所や地域子育て支援拠点などで一時的に預かる。

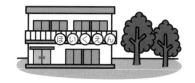

幼稚園型

幼稚園または認定こども園に在籍する満3歳以上の幼児が対象。通常の時間帯が終わった後や土曜日、夏休みなどの長期休業日に預かる。

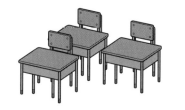

余裕活用型

保育所などの利用に空きができたときに、定員の範囲内で一時的に預かる。待機児童の問題がある地域では、とくに期待される。

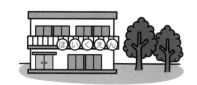

訪問型

乳幼児の居宅において一時預かりを実施する形態。

利用できる状況

市区町村や施設による。一般的には、保護者の仕事、病気、冠婚葬祭、親族の入院やケガ、急な用事、買い物、習い事、リフレッシュなど。

メリット

一時的にでも小さな子どもを預けることで、保護者が自身の用事ややりたいことをできる。保護者の負担、ストレスが軽減すれば、子どもと落ち着いて向き合うことができる。

児童養護施設などで預かる
子育て短期支援事業の利用を検討

数日間子どもと離れることが可能

保護者が病気や疲労、仕事や冠婚葬祭などで子どもの養育が困難となった場合は、子育て短期支援事業を活用することもできます。児童養護施設や乳児院、保育園などで子どもを短期間預かる制度です。

子育て短期支援事業にはふたつあり、ショートステイ（短期入所生活援助）では原則として7日間以内、児童養護施設などで子どもを養育、保護します。数日でも24時間、子どもと離れて過ごすことで、精神的な余裕と気力、体力を取り戻す機会となることが期待されます。

もうひとつのトワイライトステイ（夜間看護等）は、平日の夜間に地域の施設や保育園などで子どもを預かります。夕方から午後10時までなど市区町村により時間帯は異なり、宿泊も可能です。急な残業や出張、事故、家族の病気など緊急時に利用できるので、事前に親子で面談を受け、登録しておくと安心でしょう。空きがない場合は利用できません。

利用料は自治体により異なり、一般的に1日2,000 〜 5,000円程度です。ひとり親や生活保護世帯では、多くの自治体で減額されるか無料です。

親子で入所し支援を受けられる方向へ

子育て短期支援事業では、さまざまな拡充策が進められています。

たとえば、親子入所等支援では、子育てや親子の関わり方についてサポートが必要な親子がともに入所し、休息をとりながら支援を受けます。子ども自身が保護者のネグレクトや過干渉から一時的に避難したいと望んだ場合に受け入れる入所希望児童支援もあります。

専用の居室と人員の配置、利用日数や利用条件の柔軟化なども進められています。保護者の旅行や遊びを含め、条件をほぼなくした自治体も出てきています。地域の情報を集めて、保護者と話をしてみてください。

子育て短期支援事業の概要

形態

ショートステイ

原則として7日間以内。児童養護施設、母子生活支援施設、乳児院などで子どもを養育、保護。

トワイライトステイ

平日の夜間、または休日に保護者が不在となる場合に保育園、児童養護施設などで子どもを預かる。宿泊も可能。

利用できる状況

保護者や家族の病気、事故、冠婚葬祭、残業や出張、育児疲れなど。市区町村によっては理由を問わず、旅行や遊びでも利用可能。親子で入所して子育て支援を受けたり、子どもの希望を受け避難先としたりする事業も、自治体により実施されている。

Topic

里親による預かりサービス

　子育て短期支援の預かり先として里親を受け皿とする自治体が出始め、注目されています。研修を受けた里親が預かりサービスに参加し、NPO法人が仲介して保護者とマッチングするしくみで、子どもは里親の自宅で数日間を過ごします。「ショートステイ里親」として最大2週間預かるとする自治体もあります。あわせて、医師や看護師、保育士、研修を受けた家庭などの「ショートステイ協力家庭」で子どもを預かる形態なども、少しずつ広がっています。

9-3

市区町村の養育支援訪問事業、児童相談所の保護者支援を提案

育児と家事の支援により負担を軽減

　育児と家事に大きなストレスや不安を抱える保護者へのサポートとして、養育支援訪問事業があります。子育て家庭の自宅を訪れ、育児の指導をしたり、簡単な家事の援助をしたりするものです。訪問支援者が一時的に子どもを保育したり、保護者の不安や悩みを聞いたり、食事の準備やそうじ、洗濯、買い物の代行などをしてくれます。

　市区町村により内容は異なりますが、養育について支援が必要な家庭で悩みや問題の解決、軽減をはかる制度です。基本的には母子を担当する保健師や関係機関からの情報を受け、要保護児童対策地域協議会（P40参照）が対象家庭を決定します。一方で、希望する一般家庭への家事・育児支援サービスの提供も行う自治体も少なくありません。申請時に面接を行い、養育の状況や家庭環境などから判断するといった形態が見られます。

　育児、家事の基本もわからず困っていた子育て家庭がスキルを身につけ、支援によって負担が減り保護者の体調が回復するといった効果も期待できます。住んでいる地域のサービスを調べ、利用できることを伝えましょう。

虐待を防ぐペアレントトレーニング

　子どもへの乱暴な言動などが心配な保護者には、都道府県や児童相談所などが行う保護者支援プログラムが役立つでしょう。虐待防止に役立つ知識、親子関係の構築のしかたなどを学ぶことができます。ペアレントトレーニングと呼ばれることも多く、内容はさまざまです。

　ただし、多忙な児童相談所ではなかなか保護者支援まで手がまわらず、民間との協働が進められていますが、地域差が大きいのが現状です。保護者支援に向けて市区町村が主体となる親子関係形成支援事業が新設され、ペアレントトレーニングが実施されるので最新情報を集めましょう。

養育支援訪問事業の概要

対象

支援が必要と認められる子育て家庭。ひとり親、ヤングケアラーなど。

訪問支援者

子育て経験者、保育士、保健師、助産師、看護師、介護・障害分野のヘルパーのほか、特定の研修を受けた人など。

支援内容

- 育児支援／一時的な子どもの保育、子育てに関する相談への対応、保育所などの送迎、地域の子育てサービスの情報提供など。
- 家事支援／食事の準備、そうじ、洗濯、買い物の代行など。

費用

生活保護世帯、住民税非課税世帯、要支援家庭、ヤングケアラーは無料または減額。

※自治体により内容は異なります。

Topic 子育て世帯訪問支援事業の新設

子育て支援の充実が求められるなか、改正児童福祉法が2024年度に施行され、家庭支援事業として子育て世帯訪問支援事業がスタートします。対象は育児や家事などに不安、負担を抱えた要支援家庭と市区町村が支援の必要を認めた人です。

内容は自宅を訪問しての家事と育児の支援などで、養育支援訪問事業と重なります。このため、子育て世帯訪問支援事業の創設後は、養育支援訪問事業は保健師などによる専門的な相談支援に特化される予定です。ニーズの高い家庭については、両方を組み合わせ、適切な支援を提供することも想定されています。

養子縁組、里親への委託など家庭養護について知っておく

社会的認知が進まない家庭養護

　家庭での子育てに困難があり、保護者に監護させることが不適当と児童相談所が判断した要保護児童について、どのような養育環境の可能性があるのかを見ていきましょう。

　児童相談所は一時保護所で子どもを保護した後、親権者の同意を得て養子縁組か、里親などへの委託か、施設入所かを決定します。家庭養育優先原則により優先されるのが養子縁組、里親などの家庭養護です。

　養子縁組（P128参照）は養親となることを希望する人が少なく、実現の可能性はかなり低いのが現実です。

　里親も同様で登録者が少なく、社会的な認知度を高めるためにさまざまな啓発活動などが行われています。多忙な児童相談所において里親委託の業務や里親支援に手が回らない問題への対策も進められています。

　里親には4種類あり（右図参照）、いずれも家庭で子どもを預かり一時的または継続的に養育します。月額で9万円の里親手当、5〜6万円の生活費が支給され、教育や医療などは公費負担なので無料です。親権者は実親のままです。家庭と同様の養育環境で里親らと信頼関係や絆を育み、家族のあり方や生活技術などを学べることが、子どもの成長と将来に大きく役立つといわれています。

子どもの数が多いファミリーホーム

　里親と同じ家庭養護として、小規模住居型児童養育事業（ファミリーホーム）もあります。養育者の住居で子ども5、6人を養育する里親型のグループホームです。施設を小さくしたものではなく、里親が大人数を受け入れて養育する形態です。子ども同士の相互作用もあり、基本的な生活習慣の確立とともに人間性、社会性が養われるといわれています。

里親の概要と種類

概要

要保護児童の養育を希望し、都道府県知事が適当と認める人。子どもを家庭に迎え入れ、一時的、または継続的に養育する。希望者は研修の修了後、児童相談所に申請し、都道府県児童福祉審議会で審議され、登録となる。

種類

養育里親

養子縁組を目的としない、いわゆる里親。期間は数か月から1、2年の短期と、自立するまでの長期がある。状況により成人後に延長する場合もある。家庭で預かる子どもは4人まで、実子などを含めると6人まで。5年ごとに更新研修を受け、登録を更新する。

養子縁組里親

養子縁組を前提とする里親。保護者がいない子ども、または実親が親権放棄の意思を明らかにしている場合に対象となる。里親の住居で6か月程度暮らし、家庭裁判所により特別養子縁組が適当か審判を行い、確定。6歳未満であれば、特別養子縁組により実子扱いで入籍できる。

専門里親

虐待された経験、非行などの問題がある子ども、身体障害、知的障害、精神障害がある子どもなど、一定の専門的ケアを要する子どもを養育する。養育里親の経験または児童福祉事業従事が3年以上などの条件がある。家庭に迎え入れる子どもは2人まで。2年ごとに更新研修を受けて更新。

親族里親

両親など子どもを育てていた人が死亡、行方不明、拘禁、入院などの状態になり、祖父母など扶養義務者と配偶者が養育を希望する場合に委託。子どもへの影響から養育里親よりも優先されることが多い。叔父叔母など扶養義務のない親族の場合は、養育里親と同じく里親手当が支給される。

Topic
週末、夏休みなど期間限定の里親制度

日頃は児童養護施設で生活する子どもに、短期間でも家庭的な暮らしを経験させる取り組みが、各地の自治体で行われています。期間限定で里親に委託し、その家庭で子どもを養育するというものです。

週末だけ里親のもとで過ごす週末里親、夏休みや年末年始などに里親が預かる季節里親などがあります。条件や規定、制度の名称などは自治体によって異なります。家庭をほとんど知らない子どもを支援する際は、住んでいる地域の制度を調べ、活用できるか検討してみるといいでしょう。

9-5

児童養護施設、乳児院など 施設養護について知っておく

進められる小規模化、地域分散化

　家庭での子育てに困難があり、児童相談所が一時保護所で保護した子どもについて、家庭に戻ることも里親などの家庭養護も難しい場合、施設への入所措置がとられます。子どもが健やかに養育されるように、施設にも家庭に近い環境が求められ、小規模化、地域分散化が進められています。

　小規模型には、地域小規模児童養護施設（グループホーム）と小規模グループケア（分園型）があり、ともに養護する子どもの数は4～6人と少人数です。大きな施設よりも職員と個別の関わりをもつ機会が多くなり、個室の確保、日常生活の体験の増加などの利点が挙げられています。

　一般的な児童養護施設でも小規模ユニット化が進められていますが、13人から19人の中舎、20人以上の大舎もまだ残っているのが現状です。

　乳児を養育するのは乳児院です。保護者への育児指導などにより短期間で家庭に戻れるよう支援を行います。虐待を受けた子どものほか、医療的ケア児、障害児などに専門的な養育を行う機能もあります。

乳児院の概要

保護者の養育を受けられない乳幼児を養育。対象は乳児だが、必要に応じて小学校入学までの幼児も養育している。看護師や保育士、児童指導員、家庭支援専門相談員などが支援を行う。児童相談所の一時保護所が乳児に対応できずに、実質的に一時保護機能を担っている場合も多い。地域の育児相談、ショートステイなどの子育て支援機能も担っている。

自立に向けて行われる指導と支援

　児童養護施設では、家庭に代わり安定した生活ができるように環境が整えられます。基本的な生活習慣や社会性を身につけ、将来の自立に向けて必要な知識や経験が得られるように生活指導を行い、学習指導、また職業指導などのサポートも行われます。

　入所の期間は平均すると約5年ですが、10年以上という子どもも15%近くいます。それぞれの家庭の状況に応じて、家庭復帰を目指して親子関係の再構築を図るといった支援も行われます。

　さらに、退所、退院した子どもの相談に応じるなど、アフターケアを行うことも施設の役割とされています。

児童養護施設の概要と種類

概要

対象は保護者のいない児童、保護者に監護させることが適当でない児童。年齢は1〜18歳未満で、とくに必要な場合は0〜20歳。施設から学校や幼稚園に通い、地域の子ども会などの活動にも参加する。児童指導員や保育士、心理面をケアする心理療法担当職員、栄養士など専門職が生活をサポートする。全国に610か所。

種類

地域小規模児童養護施設（グループホーム）
児童養護施設本体の支援を受け、地域の民家やアパートなどを活用し、家庭的環境で養護を行う。1グループ4〜6人。

小規模グループケア（分園型）
4〜6人の小規模なグループで家庭的養護を行う。児童養護施設本体の敷地外で、生活単位を小さくした分園を設置。

児童養護施設
小舎は12人以下、中舎は13〜19人、大舎は20人以上。

Issue 10

施設で暮らす子どもの生活、家庭復帰、進学、就職など退所後のサポート

児童養護施設に入所・退所する子どもと向き合い、サポートするには、彼らを取り巻く社会のしくみを知っておく必要があります。本当に必要とする支援が受けられるように見守り、ケアすることが大切です。

Issue 10 で紹介する項目

関係機関で協働して家族を支援

　児童養護施設に対する偏見や差別は、残念ながら根強く残っています。施設に入所した子どもが転校してきた場合、同級生との関わり方、日々の様子などを注意深く見守ることが重要です。蔑視やあわれみは子どもの心を深く傷つけ、自己形成に深刻な影響を及ぼします。

　施設では入所した時点から退所後の先々の生活まで見据えた自立支援計画などが作られ、支援が行われます。ただし、施設だけでなく、市区町村の児童福祉担当部署、こども家庭センター、保健、教育、福祉など地域の関係機関が協働することが必要不可欠です。2章の児童虐待で取り上げたように、市区町村に設置される要保護児童対策地域協議会の活用が有効といわれます（P40参照）。児童相談所は支援方針の決定からサポート体制構築まで、中心的役割を果たします。

　家庭復帰となる場合、要対協のしくみなどを活用し、再び通うことになる学校は子どもと家族の状況についてあらかじめ情報提供を得て、協議と準備をします。環境が変わった直後は問題が再発しやすいので、学校では早期発見、早期対応に努めます。施設も、本人からの相談、保護者の子育て支援などアフターケアを行います。

求められる18歳以降の支援体制確立

　進学、就職などにより施設を出て自立した生活を送るには、難しい課題が数多くあります。準備が十分でなかったために、学校、仕事を辞めて経済的にも精神的にも苦境に陥るケースが多くあります。

　2024年度施行の改正児童福祉法により自立支援の強化が図られ、施設にいられる年齢制限は撤廃されました。とはいえ、18歳以降の支援体制については、まだ確立されていないのが現状です。

　退所後に必要になるのは、家事のスキルや役所での手続き、金銭管理などのスキルに限りません。退所によって相談相手だった職員との関係が途切れてしまい、それに代わる存在が得られなければ孤独、孤立は深まります。個々の状況に応じて適切な公的支援につなげるとともに、民間団体の活動などを紹介して仲間や居場所をつくる後押しをすることが望まれます。

10-1

入所措置となった子どもの
費用について基本を知っておく

寄付を必要とする施設も多い

児童養護施設は社会福祉法人が委託されて運営している形態が多く、その費用は国と自治体からの措置費や自治体の補助金によりまかなわれます。入所措置となった子どもが生活するために必要な費用、支援を行う職員の人件費などが行政から給付されるということです。

ただし、それは児童福祉法の定める最低基準を維持するための費用の負担です。子どもたちの健やかな成長のためにケアを充実させようと、寄付やボランティアの支えを得ている施設が多くあります。自治体の財政状況による補助金の差も大きく、地域による違いもあります。

スマホ代と習い事で5,000円増額に

措置費は小中学生の教育費、高校生の特別育成費などと分類されています。学習塾費や部活動費を新設したり、資格取得や就職、大学進学の支援を拡充するなど、教育と自立支援に注力する施策が進められてきました。

最近では、スマートフォンと習い事が議論の的となりました。これまでは小中学生の学用品費はスマホ代、習い事に使えず、高校生ではスマホ代にはあてられても習い事には使えないルールでした。見直しが図られ、2024年度からはそれぞれ5,000円が増額されて、スマホの購入費と使用料、習い事の月謝に使えるようになる見通しです。以前から小中学生の習い事や学習塾、高校生の学習塾の費用について、積極的に負担していた地域もあります。

措置費には修学旅行にあてる見学旅行費、高校入学時の制服、体操服、カバン、靴などを揃える入学時特別加算、大学進学等自立生活支度費などもあります。高校、大学などへの進学をためらう子どもには、奨学金の情報だけでなく、こうしたしくみの説明も役立つでしょう。

措置費の教育・自立支援費用の例

	費用	内容
就学前	幼稚園費	実費
小中学生	入進学支援費（年額）	小学1年生64,300円、中学1年生81,000円
	教育費	学用品費等：小学生7,210円、中学生9,380円（ともに月額）※ 教材代、通学費、学習塾費（中学生対象）、部活動費：実費
	学校給食費	実費
	見学旅行費	小学6年生22,690円、中学3年生60,910円（ともに年額）
高校生	特別育成費	公立高校28,330円、私立高校39,540円（ともに月額）※ 通学費：実費 高校1年生の入学時特別加算：86,300円（年額） 資格取得等のための特別加算（高校3年生）：57,620円（年額） 補習費（学習塾費等）：20,000円（高校3年生は＋5,000円）（月額） 補習費特別保護単価（個別学習支援）：25,000円（月額）
	見学旅行費	高校3年生111,290円（年額）
	就職、大学進学等支援費	就職支度費・大学進学等自立生活支度費：82,760円（1人1回） 特別基準（親の経済的援助が見込めない場合の加算）：413,340円※

※2024年度より。

参考：こども家庭庁「社会的養育の推進に向けて」「令和6年度予算案の概要（社会的養護関係）」

大学などへの進学希望者には
給付型奨学金などの情報を提供

返済の必要がない奨学金がスタート

　児童養護施設に入所する子どもの大学進学率は約23％です。以前よりのびたものの、全体の約56％と比べるとやはり低くとどまっています。中学までは大学進学を思い描いていても、実際に検討する時期になると学費と生活費の工面や奨学金の返済などを考え、あきらめるケースが多くあります。将来の夢や進学の意味が見いだせない人も少なくありません。

　そうしたなか、経済的理由により選択が狭まらないよう2020年度から始められたのが、給付型の高等教育の修学支援新制度です。大学、短期大学、高等専門学校、専門学校などの授業料、入学金が上限額まで減免され、生活費にあてられる奨学金が給付されます。奨学金の支給は日本学生支援機構、授業料と入学金の減免は大学などが行います。

　対象を成績だけで判断せず、学ぶ意欲や目的、将来の人生設計などを問うところに特徴があります。進学後の成績や授業の出席率によっては打ち切りになる場合もあります。高校生は在学している高校が窓口です。

受験費用の支援もスタート

　給付型の奨学金とあわせて、従来通り日本学生支援機構の貸与型奨学金を借りることもできます。両方の支援を受ける場合、無利子の第一種奨学金では一部金額の制限があります。

　加えて、2023年度からは児童養護施設などの入所者に対し、日本学生支援機構が受験費用として20万円を支援する制度もスタートしました。

　ほかにも、社会的養護を受けた人を対象にした企業やNPO法人などによる奨学金の制度もあります。子どもの状況、希望に合ったサポートが得られるように、本人とともにとことん考え、検討してください。

高等教育の修学支援新制度の概要

【対象になる学校】　一定の要件を満たした大学、短期大学、高等専門学校(4年、5年)、専門学校(文部科学省のサイトで確認できる)。

【対象になる人】　世帯収入や資産の要件を満たし、学ぶ意欲があること。すでに大学などに在学中でも条件を満たしていれば支援を受けられる。

給付型奨学金の支給月額　住民税非課税世帯(第1区分)の場合

区分		自宅通学 ※1	自宅外通学
大学、短期大学、専門学校	国公立	29,200円(33,300円)	66,700円
	私立	38,300円(42,500円)	75,800円
高等専門学校(4・5年)	国公立	17,500円(25,800円)	34,200円
	私立	26,700円(35,000円)	43,300円

入学金・授業料の免除・減額の上限額 ※2　住民税非課税世帯(第1区分)の場合

区分	国公立		私立	
	入学金 ※3	授業料(年額)	入学金 ※4	授業料(年額)
大学	約28万円	約54万円	約26万円	約70万円
短期大学	約17万円	約39万円	約25万円	約62万円
高等専門学校	約8万円	約23万円	約13万円	約70万円
専門学校	約7万円	約17万円	約16万円	約59万円

※1( )内は児童養護施設から通学する人の金額。なお、家賃を払いながら児童養護施設などから通学する人は自宅外通学の申請ができる。

※2　夜間部、通信教育課程の場合は、額が異なる。

※3、4　1回限り支給。減免が受けられるのは入学後3か月以内に申請して支援対象となった学生など。

出典：独立行政法人日本学生支援機構「学びたい気持ちを応援します」

対応のヒント

スカラシップ・アドバイザー派遣事業の利用

　日本学生支援機構の奨学金に関する情報の詳細は、同機構のサイトで見ることができます。高校生へのアドバイスが難しい場合、同機構のスカラシップ・アドバイザー派遣事業を利用する方法もあります。研修を修了して認定を受けたファイナンシャル・プランナーが派遣され、奨学金等進学・就学資金ガイダンスを行い、希望により個別相談にも対応します。高校、大学などのほか、児童養護施設、社会福祉協議会などへも派遣しています。

10-3

施設退所後の自立支援のしくみと
自立支援資金貸付などの活用

年齢制限撤廃後も続く困難

　児童養護施設は原則として18歳で入所措置が解除となります。退所後の生活がいかに過酷かは、生活保護の受給率が同年代全体の20倍に近いことが物語っています。見直しが進められ、2024年度からは年齢の上限がなくなり、高校や大学などに在学中でなくとも、必要と認められれば同じ施設で暮らし続けられることになりました。社会的養護自立支援事業として、22歳以降も居住費、生活費などの支援を受けられます。

　ただし、それは法の定めるところであり、現実には20歳までの措置延長もせず、18歳で出ていかざるをえない施設が多数を占めています。

　退所後の受け皿のひとつに、自立援助ホームがあります。義務教育を終えた人が共同生活を行い、自立に向けて生活指導や就業支援などを受ける施設です。原則として対象は20歳未満ですが、必要に応じて22歳までいられます。高校、大学に通いながら働く人が多く生活しています。

仕事を続ければ返還免除になる資金貸付

　最近では、児童養護施設や里親などの社会的養護を経験した人を、ケアを離れた人としてケアリーバーと呼ぶことが増えました。ケアリーバーの孤立を防ぎ、自立を支援する体制を構築するため、相互交流の拠点を設けるなど、民間団体と連携した取り組みが進められています。地域で参加できる場などの情報提供を行うと役立つでしょう。

　ケアリーバーの住居費、生活費などの経済的基盤を確保するには、都道府県または社会福祉協議会などの自立支援資金貸付事業を利用する方法があります。就職した人、大学などに進学した人などが対象で、5年間、就業を継続した場合は返還が免除されるしくみです。仕事について生活が安定するまでの資金として退所から5年間は申請が可能です。

自立支援資金貸付事業の概要

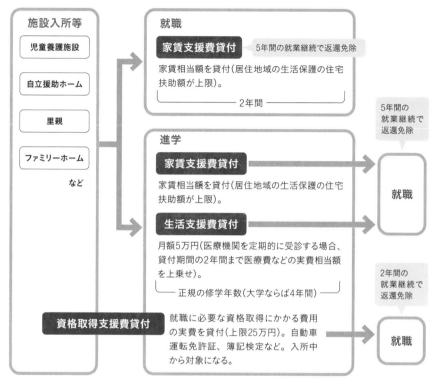

出典:こども家庭庁「社会的養育の推進に向けて」

ケアリーバー支援に関する情報源

　ケアリーバー当事者による支援活動が、活発化しています。たとえば、「Iris（アイリス）」は支援団体、当事者グループなどの悩みの相談先、経験者の声、公的支援の制度解説などを掲載した情報サイトで、全国交流会なども行っています。一般社団法人コンパスナビの「なびんち」も、当事者たちが訪問取材した全国の支援団体を掲載しているサイトです。退所後の生活の悩みについて、困りごと別に検索できます。

　施設や里親のもとで生活する中高生に向けて、同じ経験をもつ大学生たちがYouTubeで発信しているのが「ぴあ応援ラジオ」です。受験や大学生活、節約の仕方など幅広いジャンルの話題を取り上げています。

11

家族のルーツが海外にあり、日本の制度がわからない、子どもの戸籍がない

子どもが修学旅行や部活動の遠征に行けない理由が、非正規滞在にある外国籍の家庭もあります。日本に生まれながら無戸籍ゆえにアルバイトもできず、医療機関を受診しない子どももいます。

Issue 11 で紹介する項目

難民申請者への支援が欠落している現状

　日本で生まれ育った子どもでも、在留資格がなければ公的医療保険に入れず、アルバイトもできず、許可なしに県外への旅行も行けません。父親のみ入管施設に収容されるケースも多く、仮放免になっても就労も生活保護も認められないため、一家は路頭に迷うこととなります。

　2023年の入管法改正で難民申請は原則2回までに制限され、3回目以降は申請中でも強制送還することが可能とされました。

　子どもたちが行ったこともない母国へ送還され、家族が引き裂かれる懸念もあり、条件つきで在留特別許可を与える方針が下されました。日本で生まれ、改正法施行時まで小中高校に通い、引き続き日本での生活を強く望む場合、家族とともに在留資格が得られるというものです。約7割の子どもが対象となりますが、幼少時の来日や18歳以上になった人は対象外で、親の不法入国などでも対象からはずされます。

　一方では、世界各地の紛争や迫害を逃れ日本に渡る難民が急増しています。子ども連れの家族も多く、難民申請者への公的支援がほとんどないため、入国直後から苦境に陥っています。困窮者には行政措置として難民事業本部（RHQ）を通して生活費1日1,600円などの保護費が支給されますが、数か月から半年は待たねばなりません。命からがら母国を離れた人が路上生活になるケースも続出し、難民条約の加入国として責務を果たすべきと世界から厳しい目を向けられています。

　もちろん、在留資格があっても日本の制度がわからず、行政のサポートなどが受けられずに困っている家庭は数多くあります。

1万人と推定される無戸籍者

　公的支援の恩恵を受けられないのは、無戸籍者も同様です。出生届が出されずに、無戸籍の人は約1万人と推定され、高校や大学への進学、また就職に際して初めて気づく子どもが多いといわれています。

　無戸籍ではマイナンバーも取得できませんから、アルバイトで働くこともかないません。公的医療保険に加入できず、結婚もできないなど、成長して数多くの困難に直面します。近年、ようやく無戸籍者の存在が認識され始め、各方面からの支援が求められています。

11-1

役所の外国人相談窓口や関係機関と連携して暮らしをサポートする

普及が待たれる多文化ソーシャルワーカー

　海外ルーツの家庭が日本に根を下ろして生活するなかでは、母国と大きく異なる社会のしくみや制度に戸惑い、相談窓口もわからず困ることが多くあります。市区町村に外国人相談窓口が設けられている場合も、人員や知識など対応には地域差が大きく、国際交流協会やNPO法人などと連携しながら支援することが必要です。

　注目されているのが、多文化ソーシャルワーカーの普及です。課題解決に向けた情報提供にとどまらず、家族の困りごとに対して医療、教育、福祉、労働など関係機関に働きかけながら解決までサポートを行います。外国人が多い自治体を中心に人材養成と配置が進められています。

　役所に外国人相談窓口がない場合、事情に疎い相談者がたらい回しになるケースもあります。あらかじめ困りごとについて話を聞き、担当部署を確認したうえで相談に同行するといいでしょう。

サポートが欠かせない妊娠、出産

　支援が重要な代表例が、出産です。両親とも外国籍の場合、必要な手続きを知らない可能性もありますから、子どもから赤ちゃんが生まれる話を聞いたら注意を払ってください。もし出生届を出さなければ住民登録ができず、健康保険、在留資格の申請などに支障が出てしまいます。パスポートや出生証明書、国籍証明書などの取得ができるように、本国の大使館にも必要書類を提出し、登録を行う必要があります。

　非正規滞在の場合は、正規滞在者が受けられる行政サービスが受けられず、生活していくのは大変です。ただし、人道的な配慮などにより母子健康手帳の交付や経済的な理由で入院できない妊婦向けの入院助産制度の利用などができる可能性はありますから、まずは確認してください。

海外ルーツ家庭支援の情報源

出入国在留管理庁「生活・就労ガイドブック」
在留・出入国関係から市区町村での手続き、子育て、教育、医療、労働、年金、税金など、日本で暮らすために必要な情報を網羅した本格的なガイドブック。16の言語のほか、やさしい日本語版もある。同庁サイトからPDFをダウンロードできる。

一般財団法人 自治体国際化協会（CLAIR）「多文化共生ポータルサイト」
全国の外国人相談窓口、市区町村の国際交流協会などを掲載。多文化共生に関する施策、補助金、助成金、マニュアル作成などに役立つツール、子育て、教育、保健・医療、災害時の情報などが得られるサイト紹介など。

愛知県「多文化ソーシャルワーカーガイドブック」
外国人の定住化が進む愛知県において、2006年から開始された多文化ソーシャルワーカーの養成・活用事業の取り組みをまとめたガイドブック。支援方法や事例、連携機関、養成講座などを網羅。愛知県のサイトからPDFをダウンロードできる。

Topic

5人に1人が海外ルーツの大泉町

　群馬県大泉町には1990年代はじめから自動車や電子機器の工場で働くために日系ブラジル人、日系ペルー人が多く移住し、近年ではネパールやベトナムなどからの移民が増加しています。約50か国から来た8,000人あまりが居住し、町民の5人に1人が海外ルーツです。

　町には多文化共生コミュニティセンターが設置され、生活のなかで必要な制度や慣習、文化などの情報をきめ細かく発信しています。ポルトガル語とスペイン語の通訳職員が配置され、それ以外の言語には音声翻訳機を活用し、あらゆる疑問や悩みに対応。かつてはゴミ出しルールで摩擦が起きたこともありましたが、多文化共生社会として再構築が進んでいます。

11-2

無戸籍になる事情があることを知り、相談窓口、支援団体など情報を提供

民法改正による制度変更

　無戸籍の問題が取り上げられるようになったのは、最近のことです。戸籍とは誰の子どもとして生まれ、誰と結婚し、いつ亡くなったかなど身分関係を登録するものであり、日本人である証明でもあります。その戸籍がない場合、生きていくうえで数々の困難に直面します。

　原因の多くは、いわゆる離婚後300日問題にあります。300日以内の出産では実際は違っても戸籍に元夫の子と記されるため、出生届を出せなかったということです。とくにDVで離婚した場合、居場所や子どもの存在を知られることを恐れ、無戸籍になってしまうケースが目立ちます。

　2024年度から改正民法が施行され、再婚している場合は現夫の子となることに変わりました。女性のみの100日間の再婚禁止期間も廃止されます。ただし、再婚しないと元夫の子とされることに変わりはありません。

　ほかにも、自宅出産で出生証明書がない、親も無戸籍で届けられない、一方の親の非正規滞在の発覚を恐れてなど、さまざまな理由があります。両親とも失踪し、親の名前も出身や国籍も不明ということもあります。

戸籍をつくる法律相談

　出生届を出さず戸籍がない人は、住民票がないため公的医療保険に入れず、医療機関を受診すると全額自己負担になります。存在が把握されていないため、各種の行政サービスの対象ともなりません。義務教育の小中学校には通えますが、高校、大学への進学は、地域や教育機関などにより対応が異なります。資格、パスポートの取得、親の遺産相続も困難です。

　マイナンバーカードを取得できないため就労できず、銀行口座の開設、結婚もできません。各地の法務局、法テラスなどが戸籍をつくるための相談窓口ですが、困難なケースでは民間支援団体が頼りにされています。

戸籍をつくるまでの流れ

1 **法務局または市区町村の戸籍窓口に相談** ※1

2 **裁判手続きが必要な場合、法テラスなどに相談**

3 **家庭裁判所に申し立て**
（嫡出否認、親子関係不存在確認、強制認知、就籍など）

4 **家庭裁判所での審判など**

5 **市区町村の戸籍窓口に出生届また就籍届を提出** ※2

6 **戸籍に記載される**

※1 無戸籍の認知度がまだ低く、市区町村の戸籍窓口での相談、支援は難しいことも多い。
※2 裁判手続きが必要でない場合は、2〜4のプロセスは不要。必要書類を揃えて市区町村の窓口に提出する。

無戸籍問題の情報源・相談窓口

法務省サイト「無戸籍でお困りの方へ」
無戸籍解消のための情報を発信。各地の法務局の相談窓口のほか、「無戸籍の方の戸籍をつくるための手引書」、また「戸籍を作るための流れ」「無戸籍解消の流れ」などのムービーも見られる。

日本弁護士連合会サイト「弁護士会の『無戸籍』に関する相談窓口」
子どもの権利110番、法律相談センターなど全国の相談窓口一覧を見られる。無料の法律相談としては、日弁連も運営に協力している法テラス（日本司法支援センター）もある。

NPO法人無戸籍の人を支援する会
無戸籍の問題に取り組み、困難なケースで当事者に寄り添って膨大な作業に取り組み、戸籍をつくった実績を有する支援団体。講演活動なども行っている。

ゲートキーパー

ゲートキーパーという言葉を耳にする機会が、とくに自殺対策に関連して増えてきました。直訳すれば「門番」ですが、その位置づけは「命の門番」。具体的には、悩んでいる人に気づいて声をかけ、じっくり話を聴き、必要な支援につなげ、見守る人をいいます。

特別な資格などはなく、誰もがゲートキーパーになれます。気持ちが落ち込み、どうしてよいかわからず悩んでいる人を、周囲にいる人がゲートキーパーとなってサポートしようということです。寄り添い、関わることを通して相手の孤独・孤立を防ぎます。

日本の年間自殺者は2万人を超え、G7で自殺死亡率がもっとも高い国です。悩み苦しむ人はまわりにもいると考えられますし、逆に自分が落ち込んで助けが必要なこともあるかもしれません。ゲートキーパーの意識を強くもつ人が多くなればなるほど、助けられる人、命が増えるでしょう。

ゲートキーパーには4つの役割があります。

▌ゲートキーパーの4つの役割

1　変化に気づく

家族や仲間の様子の変化に気づき、声をかけます。

2　じっくりと耳を傾ける

心配していることを伝え、本人の気持ちを尊重して傾聴します。

3　支援先につなげる

早めに専門家に相談するように、丁寧に情報提供をして促します。

4　あたたかく見守る

あたたかく寄り添いながら、じっくりと見守ります。

世界各国で、ゲートキーパーの養成プログラムが自殺対策の一環として広く実施されています。国内でも自治体などが養成研修を行っています。

ゲートキーパーはつらい悩みを聴き、支援するなかで疲弊することもあります。自分自身の心身の健康管理に十分配慮することも大切です。

参考：厚生労働省「ゲートキーパーになろう！大人向け」「ゲートキーパー手帳」

人のために尽力するなかでは悩みもストレスも
生じるもの。支援する側が倒れてしまわないように
日ごろから心身を健やかに保つ意識をもちましょう。

4章

支援で壁にぶつかったときには

関係者・支援者への クレーム対応

まずは落ち着いて話を聞きましょう。

話を遮らず傾聴する

　子どもを第一に考え、家族全体のサポートに尽くしても、感謝されるどころかクレームを受けることがあります。話の聞き方や言葉遣い、態度が気に入らないという不満から、提案の中身や決定した支援の拒絶、制度やサービス自体への批判など、内容はさまざまでしょう。

　単なるストレス発散に思えたり、理不尽な要求であったりすると気持ちを穏やかに保つのも大変ですが、感情的になるとトラブルが大きくなりがちです。相談を受けるときと同じく、傾聴の姿勢をとりましょう。

　クレームを理路整然と説明する人はあまりいません。なぜ怒っているのか、問題の本質を本人自身がよくわかっていないこともあります。だからこそ、途中で遮ったり否定したりせず、まずは徹底的に話を聞いてください。気持ちを受け止めてもらえただけで納得することもあります。

　ひと通り話を聞いたら、何が問題の根っこにあるのか質問などを通して探っていき、どうすれば改善できるのかを考えます。難しい問題には即答や一時しのぎの言い訳などはせず、返答を待ってもらいましょう。

● クレーム対応のポイント

1　まずは徹底して話を聞く。否定や言い訳は避け、共感的態度で傾聴する。

2　チーム、組織として対応する。ひとりで問題解決しようとしない。

3　経緯とクレームの内容の事実関係を整理したうえで、最善策を話し合う。

チーム、組織として対応する

　返答を待ってもらうのは、チーム、組織として対応するためでもあります。クレームは個人で解決しようとせず、上司や関係者に相談し、最善策を話し合って決めることが重要です。話し合いの席では、自分の気持ちや見解は抜きにしてクレームの内容を客観的に伝えてください。誰が何を求め、何を拒んでいるのか、これまでの経緯とともに事実関係を整理し、そのうえでどういった対応が可能であるかを検討します。

　そのためには、関係機関、関係者との連携を日頃から密にする努力も必要です。先方に足を運んで顔を合わせ、労をねぎらい、情報共有を重ねることで、相手の知恵を借りたり、サポートを求めたりしやすくなります。

◉ 理不尽な要求への対応のポイント

1　気持ちを落ち着けて毅然とした姿勢をとる。

2　話を聞く段階から、複数で対応する。

3　攻撃的な言動には、現場の担当者ではなく責任者が対応する（組織として対応）。

4　どんな場合も真摯に向き合う姿勢がベストとは限らないと心得る。

> 対応のヒント
>
> ### メンターを見つけて相談する
>
> 　信頼できるメンターの存在は心強いものです。同業者に限定せず、関係する分野で子どものために尽くしている人、豊かな経験をもち、尊敬できる人を探してみてください。
>
> 　大きな目標、夢やビジョンをもって活動している人、仕事に向き合っている人からは、手本となる姿勢を学ぶことができます。自分自身がクレーム対応や日々の業務などで疲弊したときは、メンターと話をすることで視野が開け、原点に立ち返るきっかけにもなるでしょう。

教育現場で奮闘する教員らへのサポート

ストレスサインを知り、リラックスする時間をつくりましょう。

メンタルヘルスの不調を防ぐ

　精神疾患により病気休職した公立学校の教職員が2022年度に6,000人台にのり、過去最高となりました。うつ病、適応障害などの精神疾患を発症する要因として、教育現場ではとくに長時間労働、仕事のきりのなさ、負担の重さ、人間関係の難しさ、ICT化などの急激な変化などが複合的にからみ合っているといわれています。人間関係については、教育現場では一般企業と異なり、上司と同僚に加えて児童生徒、保護者、地域社会まで関係者が広がり、それだけ複雑で対応が難しいという特徴があります。

　取り組む問題の難しさも一因とされます。子どもと保護者の抱える問題には、決してひとりで対応しないことです。ほかの教員、スクールカウンセラー、スクールソーシャルワーカー、養護教諭などチームで対応し、学校外の保健、医療、福祉などの機関とも連携することが重要です。

セルフケアで心と身体を守る

　教員には完璧主義で自責感が強く、人に頼ることが苦手といった傾向があるといわれます。これは頑張りすぎてストレスを抱え込み、燃え尽きることがありうることを示しています。

　そこで身につけたいのがセルフケアの方法です。セルフケアはメンタルヘルス対策において一次予防に位置づけられています（右図参照）。不安やイライラ、無気力、頭痛、血圧上昇など自身のストレスサインを知っておき、十分な睡眠、休息をとるなど気をつけてください。意識的に頭を仕事から切り替え、短い時間でもリラックスする時間をもちましょう。

　食事の栄養バランス、運動も大切です。また、同僚らと日頃から十分にコミュニケーションをとり、ときには愚痴や弱音を言い合い、助け合える関係を築いておくことも大きな支えになります。

● メンタルヘルス対策の3本柱

具体的取り組み

一次予防
メンタルヘルス不調の
未然防止

- セルフケア
- ラインケア（管理職による職員の健康管理）
- 教育研修、情報提供
- ストレスチェック制度など

二次予防
メンタルヘルス不調の
早期発見と適切な対応

- 上司や産業保健スタッフなどによる相談対応など

三次予防
職場復帰支援

- 職場復帰支援プログラムの策定・実施
- 主治医との連携など

参考：厚生労働省「職場におけるメンタルヘルス対策について」

Topic

文科省による公立学校教員のメンタルヘルス対策

　文部科学省の新規事業として2023年度に「公立学校教員のメンタルヘルス対策に関する調査研究事業」がスタートしました。新たな取り組みとして注目されているのが、セルフケアの促進、ラインケアの徹底にICTやSNSを活用することです。ストレスチェックや仕事の相談をオンラインでもできるようにするほか、ウェアラブル端末で血圧、心拍数、声のはりなどを測定し、メンタルへの影響をチェックするといった方法が挙げられています。

子どもの福祉に関わる支援者へのサポート

子どもの苦痛は支援者の心も傷つけます。自身のケアも欠かせません。

支援者も心に傷を負う

子ども支援に関わるなかでは、悲惨な児童虐待などを目の当たりにすることもあるでしょう。虐待に対応する児童相談所職員は退職率が高く、深刻な問題となっています。子どもの命に関わる責任の重さ、過重労働に加え、心理的負担が大きく心の不調を起こしやすいといわれています。

過酷な体験に苦しむ子どものトラウマに触れると、支援者も強い憤りや悲しみを感じ、二次的外傷性ストレスを体験することがあります。無力感、罪悪感が強い場合はストレスが大きくなり、人間や社会への不信、イライラ、意欲の低下などから燃え尽きてしまうことも起こりえます。

メンタルヘルスを保つには、児童相談所職員に限らず、上司や同僚など周囲と交流の機会を増やし、つらいときにサポートが得られる環境を整えることが重要です。経験の浅いなかで攻撃的な保護者に対応するなど困難な状況を想定した実践的な研修、学習機会なども求められます。

専門的な援助を受けることをためらわない

支援者自身としては、食事や休息、睡眠などに気をつけ、日々の健康状態をチェックする習慣をつけてください。どんなに仕事が忙しくても、何かしら楽しみを見つけ、短時間でも気持ちを切り替えることが大切です。

子どもの体験に激しい衝撃を受けたときは、自分自身も傷ついたことを認識し、決してひとりで抱え込まず信頼できる上司などに話してください。カウンセリングなど専門的な援助を得ることも積極的に検討しましょう。自身の限界を知り、自分を守ることを大切にしてください。

また、怒りを感じたときは、人間の反応としては当然であると理解し、ため込まないことです。深呼吸をする、その場を離れクールダウンする、怒りのレベルの数値がいくつか考えるといった対処法が知られています。

◎ 支援者自身のケア

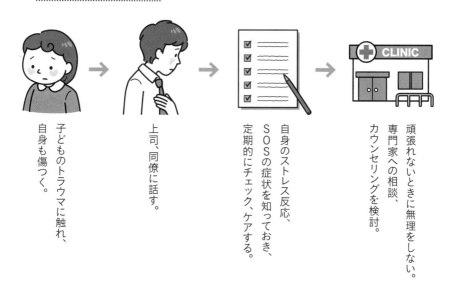

子どものトラウマに触れ、自身も傷つく。

→

上司、同僚に話す。

→

自身のストレス反応、SOSの症状を知っておき、定期的にチェック、ケアする。

→

頑張れないときに無理をしない。専門家への相談、カウンセリングを検討。

◎ ストレスと向き合うヒント

普段の日に

- ちょっといいものを食べる。
- ちょっといいお茶やコーヒーを飲んでみる。
- シャワーではなくゆっくり風呂に入る。
- テレビでお笑い番組などを見て笑ってみる。
- 手ごろな観葉植物などを置いてみる、世話してみる。
- ちょっと気持ちを入れて靴など磨いてみる。
- 同僚や家族にちょっとだけ愚痴を聞いてもらう。
- ひいきのプロスポーツチームの良いニュースを聞く。

非番の日に

- 散歩やジョギング、筋トレ、水泳などをする。
- 映画館、美術館、博物館にでも行ってみる。
- カラオケで大声を出す。
- スポーツ観戦などに行ってみる。
- あえて何もしない。
- ちょっと手の込んだ料理をしてみる。
- 家を徹底的に掃除してみる。
- 仕事のことは考えない。

出典：日本総研「厚生労働省 令和4年度子ども・子育て支援推進調査研究事業　一時保護所職員に対して効果的な研修を行うための調査研究　二次受傷防止」

地域のボランティアとして できること

子どもと家庭を取り巻く関係機関を把握し、接点をもちましょう。

社会福祉協議会で相談が可能

子どもを支援するボランティアを始めたい人は、地域の社会福祉協議会（略称・社協）に行ってみるといいでしょう。社協は地域福祉の要であり、ボランティアセンターを運営して情報提供を行うほか、初めての人の相談にものっています。社協以外にもNPO法人などがボランティアセンターを設置していて、地域の情報提供や相談対応などを行っています。

自分が得意なことを身近なところから始めることもできます。たとえば料理が得意なら子ども食堂の調理や食器の片づけ、勉強を教えるのが得意なら学習支援といった具合です。児童館での乳幼児の見守り、遊びやイベントの手伝いといったボランティアもあります。

同じジャンルであっても、必要とされる頻度、内容などは異なりますから、自分の意思で継続できるように考えることが大切です。子どもを支援するという目的を明確にもち、協調性、社会性をもって活動しましょう。

地域の社会資源を把握しておく

活動するなかで子どもから悩みを聞いた場合など、ひとりで解決しようとせず、必ずチームで対応することです。

その子と家庭のまわりには、保育園や学校をはじめ教育、医療などの関係機関があり、支援を受けていれば行政の機関ともつながっています。NPO法人や子ども食堂、学習塾やスポーツクラブ、さらには近所の商店、コンビニなども社会資源といえます（右図参照）。そうしたなかで子どもがどことどう関わっているか把握してこそ、適切な支援が可能になります。

子どもと地域の関係を理解するには、おもな関係機関と役割について知っておくと役立ちます。とくに民生委員・児童委員や主任児童委員には自己紹介をする機会をもち、相談できるようにしておくと安心でしょう。

社会資源ネットワークの例

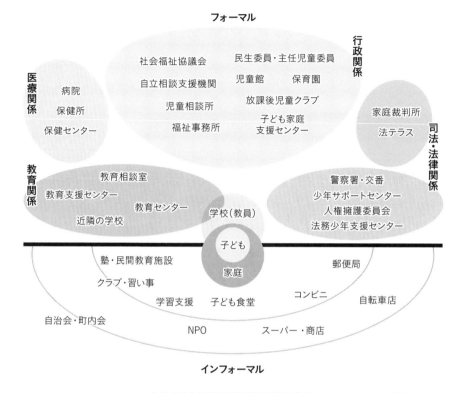

フォーマル

医療関係
- 病院
- 保健所
- 保健センター

- 社会福祉協議会
- 自立相談支援機関
- 児童相談所
- 福祉事務所

- 民生委員・主任児童委員
- 児童館　保育園
- 放課後児童クラブ
- 子ども家庭支援センター

行政関係

- 家庭裁判所
- 法テラス

司法・法律関係

教育関係
- 教育相談室
- 教育支援センター
- 教育センター
- 近隣の学校

学校（教員）

- 警察署・交番
- 少年サポートセンター
- 人権擁護委員会
- 法務少年支援センター

子ども

家庭

- 塾・民間教育施設
- クラブ・習い事
- 学習支援　子ども食堂
- 自治会・町内会　NPO
- 郵便局
- コンビニ
- 自転車店
- スーパー・商店

インフォーマル

参考：日本社会福祉会子ども家庭支援委員会「スクールソーシャルワーカー実践ガイドライン」

対応のヒント

ボランティア保険への加入

　子ども支援のボランティアであっても、ケガをしたり、他人にケガをさせてしまったりするリスクがないとはいえません。

　社会福祉協議会に登録して活動する場合は、ボランティア活動保険に加入しておくと補償が得られます。ほかに民間の損保会社のボランティア保険などもあります。いずれも傷害保険と賠償責任保険がセットになっていて、保険料はプランによりますが年間数百円から千円程度です。

　ただし、親睦活動は対象外となるなどの規定もあります。

課題・問題が改善されずに悩んだときは

ひとりで立ち向かうのではなくチームで支え合いましょう。

あせらず、地道に保護者との関係を紡ぐ

　支援者がぶつかる壁としては、保護者対応が第一に挙げられます。学校への信頼が低下し、社会が不寛容になるなか、子どもに何かあれば教員を責める声が上がりがちです。問題の原因や課題が家庭にあることが明らかで、支援をしたくとも、保護者に拒まれ締め出されることは多いでしょう。あせらず、あきらめず、地道に関係を紡ぐ模索を続けることが重要です。

　現実として保護者には困りごとがありますから、「本当に大変ですよね」と理解を示し、心の内を引き出すアプローチが考えられます。話すたびに「ひとりで抱えずに何でも話してくださいね」と言い添え、気持ちが聞けたら受容することを繰り返し、頼りにしてくれたら支援を始められます。

　一方では、保護者の生活習慣や考え方が簡単には変わらないこともたしかです。「宿題を見ます」と学習支援を端緒とするアプローチもあります。家庭に入り込むのではなく、外での支援のため受け入れられやすく、心配な子どもを高校進学へつなげる支援が始められます。

己の限界を知ることも必要

　虐待以外では保護者の同意がない限り、家庭の中に入っていくことはできません。苦しむ子どもに手が届かない無力感や失望にさいなまれたときは、誰にでも何にでも限界があることを思い起こしてください。己の限界、枠組みの範囲などを十分に認識しておきましょう。自身の領域を超えたところでは、ほかの機関と連携して取り組むことが重要です。

　ストレスに対処するために、自分の胸の内にためず、職場で日々話をしてチームで支え合いましょう。学校でも担任だけが学級を見るのではなく、皆でどの子も見て、子どもを守り、教員を守ろうという意識が広がってきました。悩み、痛みも共有することで負担が減ります。

◉ 学校問題と解決への取り組み

問題

- 保護者からの過剰な苦情や不当な要求などが学校現場の大きな課題となり、教員の負担が増大。

取り組み

- 都道府県などの教育委員会は対応マニュアル、手引きなどを作成している。（例／東京都教育相談センター『学校問題解決のための手引〜保護者との対話を生かすために〜』）

- 学校問題解決に向けて支援チーム、支援アドバイザー、法律相談窓口などを設置している自治体もある。

- 文部科学省は2024年度、教育委員会などに学校管理職OBなどのコーディネーターを置き、学校だけでは解決困難なケースの支援体制を構築するモデル事業を開始（行政による問題解決のための支援体制の構築に向けたモデル事業）。

対応のヒント

好奇心は折れない

　子どもを救いたいという信念や志を強くもち、情熱をもって突き進むと、厳しい現実の壁にぶつかって心が折れてしまうことがあります。

　心のもち方として、ひとつのヒントになるのが好奇心です。子どもが理解できない言動をしたら、「なぜそんなことをするのだろうか」と好奇心をもって原因を探っていくというスタンスです。

　保護者に対しても同様です。たとえば「依存症の親」という見方は人格否定にもつながりかねません。依存症により派生している問題をとらえ、そうなった原因を好奇心をもって探りながら支援にあたることを考えてみるといいでしょう。好奇心は折れません。

　また、壁につき当たったときは、自分の置かれている状況を客観視し、俯瞰して見ることも役立ちます。失敗も糧にして前に進みましょう。

子ども支援に関わる専門職と関係機関の役割

||| 専門職

名称	役割
公認心理師／ 臨床心理士	公認心理師は国家資格、臨床心理士は民間資格(公認心理師制度の開始まで臨床心理士が事実上の公認の資格だった)。ともに心理学の専門的知識・技術を用いた心理アセスメント、助言、指導、教育などを行う。医療機関のほか保健、教育、福祉関係の機関などに所属。
児童指導員	児童養護施設などで入所する子どもたちの育成、生活指導にあたる。健やかな成長と自立のため、施設退所後まで見据えてひとりひとりの支援計画をたて、関係機関と連携しながらサポートを行う。
社会福祉士	社会福祉の国家資格。日常生活に困難がある人の相談を受け、助言、指導、福祉サービスの提案などを行い、行政機関と医療機関との橋渡しをする。高齢者、障害者の福祉施設、病院、保健所などに所属。
人権擁護委員	人権擁護委員法にもとづき、法務大臣から委嘱され、市町村に配置される民間人。人権に関わる相談を受け、法務局の職員に協力して被害者救済のサポートや啓発などの人権擁護活動を行う。
スクールカウンセラー	児童生徒の臨床心理に関する高度な専門知識・経験により、児童生徒のカウンセリング、教職員、保護者への助言などを行う。多くの公立小中学校に配置されているものの、週1回4時間程度が多い。
スクールソーシャルワーカー	教育分野に加え社会福祉の専門知識・技術を有する人材。問題を抱える児童生徒の支援を行い、家庭訪問、多機関との連携など多様な方法で解決をはかる。公立中学校区で週1回3時間程度の配置が多い。
精神保健福祉士	精神保健福祉士法に定められた国家資格。専門知識・技術により精神障害者の地域相談支援、社会復帰に関する相談に応じ、指導や日常生活に適応する訓練などを行う。医療機関、通所施設、福祉事務所、保健所などに所属。
保健師	おもに保健所、保健センターに所属し、乳幼児から高齢者まで地域住民に保健サービスを提供。母子保健業務では妊娠期から世帯の状況を把握、乳幼児全戸訪問、健診などを行う。保健師の国家資格の取得には看護師の国家資格取得が前提。
民生委員・児童委員／ 主任児童委員	民生委員は民生委員法により厚生労働大臣から委嘱され、児童福祉法により児童委員を兼ねる。住民の生活状況を把握しておき、相談に応じ、福祉事務所など関係機関と連携しながらサポートを行う。主任児童委員は子どもと子育て支援を専門に担当する。

‖関係機関

名称	役割
教育センター	自治体の教育委員会が条例にもとづき設置。教育について子どもと保護者からの相談に対応し、教育関係者への支援、教員の研修などを行う。
こども家庭センター	2024年度から市区町村の子ども家庭総合支援拠点と子育て世代包括支援センターを見直し、妊産婦、子育て世帯、子どもの相談支援機能を一体化。必要に応じて調査、指導などを行い、支援メニューにつなぐ。
児童家庭支援センター	児童福祉法にもとづき、子どもと家庭を支援する専門相談機関。育児の悩み、虐待、非行などの相談に広く対応。児童相談所を補完する身近な相談窓口として、児童福祉施設などに併設されている。
児童相談所	児童福祉法にもとづき都道府県、指定都市などに設置され、子どもと家庭への専門的相談援助を実施。家庭への立ち入り調査、指導、一時保護、施設入所などの措置、里親委託推進などを行う。
児童発達支援センター	改正児童福祉法の2024年度施行にともない、地域の障害児支援の中核的役割を果たせるよう機能を強化。障害児支援の質を向上させ、インクルージョン推進に取り組む。
社会福祉協議会	社会福祉法にもとづき都道府県、市区町村に設置される民間組織。さまざまな福祉サービス、相談支援、ボランティア活動の支援などを社会福祉関係者が参加、協力し合い展開している。略称は社協。
女性相談支援センター **（婦人相談所）**	困難な問題を抱える女性への支援に関する法律にもとづき都道府県、また指定都市に設置。女性の心身の健康回復、自立した生活のため、カウンセリング、DV被害者と子どもの一時保護などの支援を行う。
精神保健福祉センター	保健福祉法にもとづき都道府県、指定都市に設置。精神保健と精神障害者の福祉の増進のため、精神医療、社会復帰、自立に向けての相談と指導、依存症、思春期などの特定相談などを行っている。
地域子育て支援拠点	児童福祉法にもとづき市区町村が実施。公共施設や保育所、児童館など身近な場所で、乳幼児を子育て中の親子が相互交流し、育児相談、情報提供などを行う。
福祉事務所	生活保護、児童福祉、ひとり親、高齢者、障害者に関する福祉六法の定める擁護、育成、更生の措置について事務を行う社会福祉行政機関。社会福祉全般の窓口として都道府県と市、特別区に設置義務があり、町村は任意。
保健所／保健センター	都道府県、指定都市などに設置される保健所は、住民の健康を支える専門的・技術的拠点。市区町村に設置される保健センターは、乳幼児健診、健康相談などより身近な保健サービスの提供機関。

※自治体により異なる名称、独自の名称がついている場合もあります。

さくいん

● 監修者プロフィール

櫻井和典（さくらい かずのり）
社会福祉法人和枝福祉会理事長。社会福祉法人ル・プリ理事。障碍者施設、高齢者施設、保育園、児童施設の施設長を歴任後、法人理事長等に就任し現在に至る。

廣瀬貴樹（ひろせ たかき）
一般社団法人かけはし代表理事。元横浜市立小学校教員。「生きづらさを抱えている子どもたちに寄り添いたい」と、14年間の教員生活を経て、子どもの居場所「かけはし」を開設。

●取材協力　：笹目 誠（社会福祉法人ル・プリ 杜の郷子ども家庭支援センター長）
●執筆協力　：三橋志津子
●本文デザイン：高橋里佳（Zapp!）
●本文イラスト：SMILES FACTORY
●編集協力　：ロム・インターナショナル
●編集担当　：原 智宏（ナツメ出版企画）

ナツメ社Webサイト
https://www.natsume.co.jp
書籍の最新情報（正誤情報を含む）は
ナツメ社Webサイトをご覧ください。

本書に関するお問い合わせは、書名・発行日・該当ページを明記の上、下記のいずれかの方法にてお送りください。電話でのお問い合わせはお受けしておりません。
・ナツメ社webサイトの問い合わせフォーム
　https://www.natsume.co.jp/contact
・FAX（03-3291-1305）
・郵送（下記、ナツメ出版企画株式会社宛て）
なお、回答までに日にちをいただく場合があります。正誤のお問い合わせ以外の書籍内容に関する解説・個別の相談は行っておりません。あらかじめご了承ください。

SOSを見逃さず、支援につなげる！
子どもを守るセーフティネット

2024年 7月 1日　初版発行

監修者　櫻井和典・廣瀬貴樹
発行者　田村 正隆

発行所　株式会社ナツメ社
東京都千代田区神田神保町1-52　ナツメ社ビル1F（〒101-0051）
電話　03（3291）1257（代表）　FAX　03（3291）5761
振替　00130-1-58661
制　作　ナツメ出版企画株式会社
東京都千代田区神田神保町1-52　ナツメ社ビル3F（〒101-0051）
電話　03（3295）3921（代表）
印刷所　ラン印刷社

ISBN978-4-8163-7580-4　Printed in Japan
〈定価はカバーに表示してあります〉〈乱丁・落丁本はお取り替えします〉